AF315072

MÉMOIRES

DU

DUC DE NORMANDIE,

FILS DE LOUIS XVI.

IMPRIMERIE DE DAVID,
BOULEVART POISSONNIÈRE, N. 4 bis.

Portrait de l'Auteur.

MÉMOIRES

DU

DUC DE NORMANDIE,

FILS DE LOUIS XVI,

ÉCRITS ET PUBLIÉS PAR LUI-MÊME.

✳

Ton père te défend de venger son trépas.
(18 *Janvier* 1793.)

✳

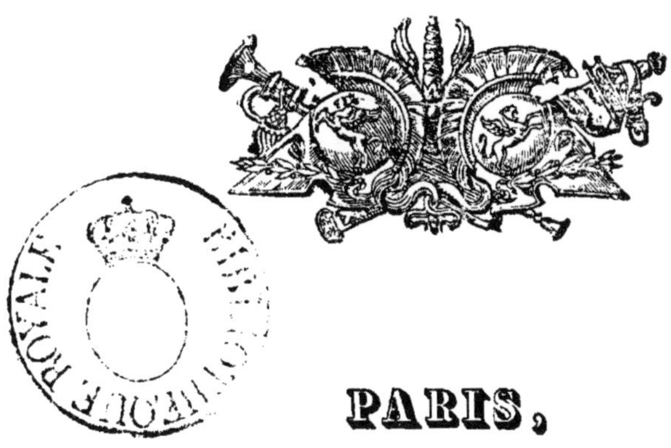

PARIS,

CHEZ LES MARCHANDS DE NOUVEAUTÉS.

—

JUILLET 1831.

PRÉFACE.

En publiant mes Mémoires, je remplis un devoir. Une profession de foi devenait inutile ; elle est toute entière dans le projet de Constitution du 31 juillet 1830, que je livre de nouveau aux méditations des hommes consciencieux et amis de leur pays.

Le besoin impérieux d'une sage liberté se fait tellement sentir que tous les peuples veulent en jouir.

L'homme est né libre, et toute entrave à la jouissance de ce droit imprescriptible est un crime.

Trop long-temps les lois ont été muettes ou impuissantes. Il est du devoir du législateur d'en provoquer l'application ou de prendre les mesures nécessaires pour que personne ne puisse les éluder. Les hommes passent; mais les institutions restent : c'est donc à les obtenir que doivent tendre désormais les vœux et les efforts des nations.

Victime d'injustices criantes et de dénis de justice révoltans, je serai toujours, comme par le passé, l'ennemi des oppresseurs, quelque part et sous quelque masque que je les rencontre.

Liberté civile et religieuse par toute la terre; telle est ma devise.

Capacité, loyauté et bon marché; voilà le meilleur des gouvernemens.

Le Duc de Normandie.

MÉMOIRES

DU

DUC DE NORMANDIE,

FILS DE LOUIS XVI,

ÉCRITS PAR LUI-MÊME.

CHAPITRE PREMIER.

Descendant de monarques qui régnèrent sur la France pendant plus de quatorze siècles, je naquis à Versailles, dans un des palais de mes ayeux, le 27 mars 1785.

Je ne m'étendrai pas sur les premiers jours de mon enfance ; on sait quel servilisme et quelle pompe environnent les enfans des rois. Troisième fruit de l'hymen de la reine avec mon vertueux père, je reçus en naissant le nom de Louis-Charles, et le titre de duc de Normandie, qui me fut donné en signe de reconnaissance de l'accueil que les habitans de cette province avaient fait à ma mère. Ma faible constitution fit d'abord craindre pour mes jours; mais on m'entoura de tant de soins heureux, que je devins par la suite d'une complexion forte et capable de résister à toutes les épreuves.

Depuis plusieurs années un malaise général se faisait sentir en Europe : on remarquait parmi les peuples, comme dans les cabinets, cette agitation avant-coureur des commotions les plus vives; des appréhensions, des espérances tenaient les esprits en suspens; on s'attendait à quelque grande crise. Des signes, précurseurs certains de tempêtes et de bouleversemens politiques, se manifestaient jusques dans les cieux; et des écrivains célèbres avaient même annoncé d'importans changemens dans le système de gouvernement des différentes puissances. Les dispositions générales semblaient mener vers un but qu'on désirait et qu'on craignait en même temps. Une des principales colonies anglaises venait, avec l'aide de mon père, de s'émanciper et de forcer la mère-patrie à reconnaître son indépendance. L'Europe se voyait à la veille d'un embrâsement général, et il ne fallait qu'une étincelle pour le faire naître. Ce fut dans ces fatales circonstances que je reçus le jour, circonstances qui furent le prélude de ce qui devait m'arriver bientôt.

Les souverains des états voisins de la France ne cessaient de semer la discorde parmi nous et de répandre la désunion dans les divers ordres de l'état, espérant profiter de nos dissentions et se venger de mon père. La position critique dans laquelle les ennemis de la France mirent le pays et le roi, le désordre des finances, l'insubordination, les profusions, les prétentions indécentes de plusieurs de mes proches parens, les coupables intrigues des uns et des autres avec des voisins ambitieux et de tout temps jaloux de la grandeur et de la prospérité de la France, l'espèce de fermentation qui se manifestait parmi le peuple ; enfin, les entraves qui naissaient de tout cela dans les affaires du gouvernement décidèrent le roi à prendre les mesures qu'il

crut nécessaires pour remédier au mal qui
allait toujours croissant. Tentatives vaines! Au
lieu de cet accord unanime qui devait animer
les Français, on ne vit que des indifférens qui,
préférant leur intérêt à celui de l'état, repous-
sèrent tout ce qui pouvait contribuer à arrêter
l'incendie. Telle fut la première cause des événemens effroyables dont notre malheureuse
patrie a été le théâtre, et de l'épouvantable
catastrophe qui les précéda.

Louis, à qui ses contemporains avaient
donné le surnom de *Juste*, qu'il méritait à tant
de titres, s'efforça de donner aux esprits une
autre direction. Il représenta à la nation, mais
inutilement, le tort qu'elle se faisait en secon-
dant les manœuvres par lesquelles on cherchait à exploiter sa crédulité. L'impulsion était
donnée; l'égarement des esprits nuisait à l'action de l'autorité suprème. Le chef de l'état,
privé de l'appui de ceux qu'il pensait être ses
plus fidèles sujets, ne put résister au torrent!

Les émissaires de l'Angleterre, se voyant
maîtres, ne gardèrent plus de mesure. Leurs
projets alarmèrent jusqu'aux moins modérés

des Français, qui comprirent trop tard qu'ils avaient été le jouet de leurs éternels ennemis. Le massacre de Quiberon acheva de dessiller les yeux.

D'un autre côté, l'Autriche, après avoir laissé écraser le reste de la noblesse française sur le Rhin, sans lui donner aucun secours, malgré ses engagemens solennels, ne visait qu'à s'emparer de la France pour y placer un de ses princes, en lui faisant épouser l'héritière du trône ; ce qui explique le refus de ce gouvernement de délivrer la famille royale en l'échangeant contre les représentans français que la défection de Dumouriez, qui conspirait avec et pour le duc de Chartres, aujourd'hui Louis-Philippe, fit tomber en son pouvoir, et sa réponse atroce : que la reine et la famille royale sauraient mourir, et qu'il saurait les venger. Ce langage dévoila les vues de l'Autriche, et il ne fut plus permis d'en douter, lorsqu'on la vit, quelques années après, échanger ces mêmes représentans contre la princesse, ma sœur. L'empereur François osa attaquer alors de nouveau la France ; mais il apprit à ses dépens ce que peut une nation qui combat pour sa liberté et son indépendance.

CHAPITRE II.

Il est difficile et presque impossible de pouvoir se rappeler les premiers événemens de l'enfance, après plus de trente-huit ans de vicissitudes et de peines. Quelque fidèle que soit la mémoire, elle est et doit être souvent en défaut dans ces sortes de circonstances. Si on en excepte ma petite lanterne, quand je voulais imiter un ancien cynique cherchant un homme, que je trouvais en mon précepteur, et ce qui se passait entre moi et ceux qui étaient attachés à mon service, tout le reste a fui de mon souvenir. L'importance que les peuples attachent aux moindres actions des princes fait que ceux qui les approchent les retracent avec une rare fidélité, tandis que eux-mêmes les oublient avec autant d'indifférence qu'ils les ont faites. Les personnes qui m'entouraient ont sans doute dit ou écrit

quelque chose à ce sujet ; c'est dans leurs relations qu'on peut savoir tout ce qui s'est passé
depuis ma naissance ju'qu'à l'époque de l'arrestation, à Varennes, de ma malheureuse famille, et des maux qui en furent la suite. Ce
n'est que de ce jour funeste où une foule de
forcenés nous reconduisit dans la capitale, en
nous accablant d'injures les plus grossières ,
que je retrouve quelques souvenirs. Conduits
d'abord dans l'ancien couvent des Feuillans,
on nous mit dans de petites chambres pour y
passer la nuit. Il faisait une chaleur insupportable; on nous servit quelques fruits et de l'eau
de groseilles. Plusieurs personnes de la cour
vinrent nous rejoindre, entre autres madame
de Tourzel, ma gouvernante, mes sous-gou-
vernantes, Cléry, mon valet de chambre , et
d'autres attachées à la cour.

La ville était en proie au désordre et au carnage ; le feu avait été mis en plusieurs endroits;
on se battait presque partout. Les émissaires du
cabinet britannique, déguisés, vomissaient des
horreurs contre nous, poussaient des hurlemens
effrayans en chantant sous les fenêtres de nos

appartemens. Peu de jours après, nous fûmes transférés au Temple, en vertu d'un décret de l'Assemblée Nationale. Tout cela se faisait au nom de la liberté, et l'on nous chargeait de fers! Je passe sous silence la manière indécente avec laquelle on nous traita pendant le trajet; nul ne l'ignore. On n'avait pas eu le temps de préparer un logement commode pour nous dans la grande tour; en sorte que nous occupâmes la petite tour qui, adossée à la grande, était sans communication intérieure et formait un carré long, flanqué de deux tourelles. Le corps de bâtiment avait quatre étages; je couchais avec ma mère dans la grande pièce du second; ma tante et ma sœur dans la seconde, et mon père au troisième, dans la grande pièce.

Quelque temps après notre entrée au temple, on enleva, dans le milieu de la nuit, toutes les personnes attachées à notre service. Cet ordre fut exécuté pendant notre sommeil. Cléry, qu'on avait d'abord séparé de moi, réparut, ce qui me fit un grand plaisir; car je lui étais très-attaché; il nous aidait dans notre toilette. Mon père, pendant notre captivité, s'occupait sans relâche de mon éducation ; il me faisait répéter quelques passages de Fénélon ou de Racine, et me donnait des leçons de géographie. Le désir que j'avais de lui plaire excitait ma mémoire. Comme on nous laissait promener quelques heures dans le jardin, je jouais, avec Cléry, au ballon ou au palet, à la course ou à d'autres jeux d'exercice. Je remarquais avec surprise sur les plaques de fonte des cheminées, ces mots : *Liberté, égalité, propriété, sûreté !* Après mon souper, Cléry, notre seul secrétaire, me mettait au lit ; puis il rendait compte de ce qu'il apprenait des crieurs publics, car il ne pouvait sortir. Je couchais, depuis quelques jours, dans l'appartement de mon père. Nous étions nuit et jour entourés d'officiers municipaux. Rien n'approche de l'ignorance des commissaires chargés de la surveillance de la tour. Un jour que ma mère avait fait faire, pour moi, une table de multiplication, ils prétendirent qu'elle m'apprenait à parler et à écrire en chiffres, et il fallut y renoncer.

Ma mère et ma tante avaient fait apporter dans la tour leurs métiers à tapisseries ; cet ouvrage était pour elles une véritable récréation. Ce travail étant fini, ma mère donna ordre à Cléry de l'envoyer à madame de Reneser. Les officiers municipaux, à qui il en demanda la permission, les examinèrent et trouvèrent qu'il y avait quelque emblême hiéroglyphique qui pouvait indiquer des moyens d'évasion ; et, en conséquence, ils prirent un arrêté qui défendait de laisser sortir du temple aucun des ouvrages des princesses.

Ce qui m'incommodait le plus, dans la tour du Temple, c'était l'odeur insupportable de la pipe d'un garde qui se faisait un plaisir de nous soufler de la fumée de tabac devant le nez, au moment où nous sortions pour nous promener ; ce qui semblerait expliquer l'aversion invincible que j'ai toujours eue pour la pipe. Cléry me donnait des leçons d'écriture, il me faisait la lecture des ouvrages de Montesquieu et autres, et ensuite nous allions dans la chambre de ma tante jouer à la balle ou au volant. Quelquefois on me faisait deviner des énigmes tirées d'une collection du *Mercure de France*, qu'on avait trouvée dans la bibliothèque; mon père montait un moment dans la chambre de ma mère; puis, en partant, il lui donnait sa main, ainsi qu'à ma tante, en signe d'adieu d'amitié, et il nous embrassait, moi et ma sœur. Chaque jour voyait recommencer les mêmes occupations. On nous enleva tout, papier, plumes, encre, crayons, etc. Nous étions sans communications extérieures; elles nous étaient sévèrement interdites. Pendant cet intervalle, j'eus la fièvre, après la petite vérole : cette fièvre provenait de l'humidité des appartemens où le soleil et l'air pénétraient difficilement. Cléry fut aussi malade : mon père m'habilla pendant le temps de cette maladie; ma mère me mettait au lit. Je me rappelle qu'un jour, jouant au jeu de *Siam* avec mon père, je ne pouvais dépasser le nombre seize, et je perdis toutes les parties; ce qui m'arracha cette exclamation : *Voilà un nombre bien malheureux!* Hélas! le jour où on m'enleva ce bon père fut le plus funeste de ma vie! Je ne le revis que quelques mois après, et pour la dernière fois. Tout le monde ignore ce qu'il nous a dit dans ce terrible et cruel moment. Je vais tâcher d'en donner un détail aussi exact que mon âge, ma position, ma mémoire et près de quarante ans écoulés depuis, peuvent me le permettre.

CHAPITRE III.

Aussitôt que ce prince entra dans notre appartement, ma mère et ma tante se jettèrent à ses pieds ; il serra ma sœur dans ses bras, et j'étendis les miens pour l'embrasser. Aucun mot ne pouvait sortir de notre bouche. Quand le cœur est livré à d'aussi déchirantes angoisses, la parole est insuffisante pour les peindre. Des larmes amères échappèrent de nos yeux. Enfin mon père nous adressa ces mots qui sont restés tracés dans mon ame.

« Modérez votre douleur; plus vous m'ai-
» mez, plus vous devez rendre grâce au tout-
» puissant de ce qu'il met fin aux souffrances
» qui me déchirent depuis si long-temps. La
» mort est un tribut que nous devons tous à
» la nature : écoutez-moi avec attention, et
» n'employons pas les seuls instans qui nous
» restent à verser des pleurs, qui ne peuvent

» rien changer à mon sort. » Ma mère et ma
tante s'assirent à ses côtés, ma sœur à ses
pieds, et il me prit sur ses genoux. « Madame,
» dit-il à ma mère, après la tâche bien impor-
» tante d'élever vos enfans, il vous reste celle
» de vous arracher des mains de vos ennemis.
» Vous pensez peut-être à vous retirer auprès
» de votre neveu; gardez vous en bien; vous
» n'y trouveriez que des dégoûts et des fers.
» Je connais ses vues; il n'est pas aussi étran-
» ger que vous pouvez le croire à tous les dés-
» astres qui ont fondu sur nous; j'en ai la
» preuve, et sa connivence avec les anglais ne
» me laisse aucun doute à cet égard. Si vous
» parvenez à échapper à ces bourreaux de
» notre malheureuse patrie, rendez-vous au-
» près de Paul, vous y trouverez un accueil
» plein de générosité, et il n'abusera pas de
» votre position pour vous forcer à payer son
» appui; il est généreux; étranger aux noirceurs
» de la dissimulation, système favori de votre
» neveu et du cabinet de Windsor, et il ne souf-
» frira pas qu'on méconnaisse les droits de la
» veuve et des enfans de son ami pour s'empa-

» rer de l'héritage de leurs pères. Là vous at-
» tendrez en paix que les circonstances amènent
» des événemens qui puissent vous être favo-
» rables : pendant ce temps vous formerez vos
» enfans à la vertu et à la modestie. Votre fils,
» surtout, exigera de vous des soins particu-
» liers ; rendez-le le plus honnête homme pos-
» sible : dites-lui qu'il naquit citoyen avant
» d'être roi, que ne l'étant plus, il n'a aucun
» droit à réclamer ; que le peuple français a été
» libre de changer la forme de son gouverne-
» ment, et que chercher à ressaisir une puis-
» sance qu'il nous a ôtée serait un crime. Cepen-
» dant, si un jour la nation française, fatiguée
» de son gouvernement actuel ou de tout autre
» qui pourrait lui succéder, venait, par un
» consentement unanime, le rappeler dans son
» sein et lui rendre le rang de ses ancêtres, il
» serait de son devoir d'obéir à ce vœu et de
» l'accepter. Je suis loin de désirer pour lui ce
» triste honneur ; ce que je veux, c'est qu'il
» acquière les vertus et les connaissances né-
» cessaires pour servir sa patrie, si jamais elle
» a besoin de son bras. Je lui défends de cher-

» cher jamais à venger ma mort. Nos oppres-
» seurs pleureront un jour sur mon sort, et ils
» rendront à ma mémoire tout son éclat. Et vous,
» ma chère sœur, la seule amie qui me soit
» restée, puisse le Dieu de bonté vous combler
» de ses faveurs. Je vous bénis tous, et j'ose croire
» que mes vœux seront reçus par celui à qui
» je demande que ma mort soit le dernier mal-
» heur de notre maison..... Toi, mon pauvre
» *Louis*, aime bien ta mère, ta tante et ta
» sœur, sois leur soumis comme à moi même,
» et deviens assez vertueux pour que les Fran-
» çais puissent dire un jour que tu étais digne
» du trône dont ils ont précipité ton malheu-
» reux père. » Il ne savait pas, ce bon prince,
que bientôt je serais repoussé par cette même
sœur; qu'elle oserait méconnaître, à la face de
l'Europe indignée, les liens qui m'unissaient à
elle, et qu'elle deviendrait ma plus ardente per-
sécutrice !....

Nous écoutions dans le plus profond silence;
nous étions seuls avec lui, comme on l'avait
ordonné; mais nos gardiens avaient trouvé
le moyen d'éluder ces ordres: ils forcèrent mon

père à nous recevoir dans une pièce qui n'é-
tait séparée que par une cloison vitrée de celle
où ils se tinrent tout le temps que dura cette
douloureuse entrevue. Ils ne pouvaient rien
entendre, à la vérité, parce que le roi nous
parlait bas ; ils épiaient néanmoins nos moindres actions. Mon père, en nous quittant, dit
à la reine : « Vos premiers pas devront être
» dirigés vers les états de mon parent Charles ;
» vous pourrez y trouver les moyens de vous
» rendre en Russie, seule région où vous se-
» rez en sûreté. Les états de Charles sont trop
» voisins de la France et de l'Angleterre, qui
» saurait vous y atteindre ainsi que vos enfans :
» je l'ai prévenu de tout cela ; je suis certain
» qu'il exécutera ponctuellement ce dont nous
» sommes convenus ; il en est de même de
» Paul ; j'ai trouvé les moyens de leur faire
» connaître notre véritable position et mes dé-
» sirs. Des indices, non équivoques, m'ont
» assuré que mes vues seraient remplies, et
» que vous seriez tous accueillis d'une manière
» digne de vous. » En partant, le roi promit
qu'il nous reverrait le lendemain. Hélas ! nous

l'avions vu pour la dernière fois! Le fatal sacrifice s'accomplit.

CHAPITRE IV.

Je fis une maladie; j'eus ensuite un évanouis-
sement, suite de douleurs et de convulsions
causées par une médecine que m'avait administrée la Tison, qui en devint folle. Plusieurs
mois après la mort de mon père, malgré mes
prières et mes supplications, je fus enlevé aux
soins caressans de ma mère, qui opposa d'a-
bord une vive résistance, et céda ensuite inti-
midée par la menace de me tuer, s'il était impossible de m'arracher autrement de ses bras.
Remis alors entre les mains de l'exécrable Simon, et abandonné à l'autorité cruelle qu'on
lui avait donnée sur ma personne, je fus conduit
et gardé dans l'appartement de mon père. La
crainte que m'inspiraient les mauvais traitemens dont la femme Simon m'accablait me
rendit docile à ses volontés. Je la servais et,
tant elle que son mari, ne me donnaient pour

nourriture que les restes de leur table. La commune avait ordonné que mes habits me seraient
ôtés et remplacés par d'autres ; la femme Simon me les arracha et me revêtit de ceux d'un
mendiant de mon âge, en me disant qu'elle
me faisait jouer au roi dépouillé : elle ne me
donnait en outre à boire et à manger qu'après
avoir chanté des chansons que je ne comprenais pas, et la raison en est simple, on chantait la liberté et je me trouvais sous les verroux! Ce ne fut qu'après ma séparation d'avec
ma famille qu'on osa m'apprendre à jurer et a
danser la carmagnole; ce qui n'a pas peu contribué à me faire contracter l'habitude de haus-
ser la voix en parlant et de jurer; habitude
dont je n'ai pu me défaire, malgré tous mes
efforts et une attention soutenue. J'avais conservé une espèce de liberté, quoique je fusse
souvent le jouet de mes instituteurs qui, me
couvrant la tête d'un bonnet rouge, me di-
saient : Enfin, Capet, te voilà jacobin.

On m'enferma dans une chambre, où un trou
pratiqué dans la porte fut la seule communication qu'on me laissa avec ceux qui me gardaient;

un mauvais grabat sur le plancher était le seul
meuble de ma prison qu'on n'ouvrait jamais,
pas même pour en enlever les ordures. Je ne
tenais plus à la vie que par la frayeur; je ne
connaissais plus que la voix formidable de mes
gardiens, qui ne me laissaient pas même jouir
du repos de la nuit. Lorsqu'ils me croyaient
profondément endormi, ils m'adressaient brus-
quement ces mots, de manière à me réveiller
en sursaut : « Capet, dors-tu? » Je me levais
de suite, j'allais, trempé de sueur, me montrer au guichet, et je disais : « Me voici. » Et
quand ils étaient assurés que c'était bien moi,
ils me renvoyaient avec outrage. Si je ne ré-
pondais pas sur-le-champ, Simon ouvrait alors
la porte avec fracas, et en me maltraitant, il
m'accusait d'entêtement. Je ne pouvais m'expliquer les raisons d'un traitement aussi cruel
que je ne méritais point : j'étais loin de les deviner! Chaque jour voyait augmenter mes souffrances. Courbé vers la terre, mes joues creusées
étaient couvertes de taches livides, et mes lè-
vres étaient décolorées. Je me sentais mourir,
et j'attendais avec impatience que la mort vînt

me délivrer de tant de maux, lorsque je vis
entrer dans ma prison un étranger portant un
cheval de carton, duquel il tira un enfant de
mon âge et à peu près de ma taille, encore endormi. Il me fit signe de garder le silence et de
me laisser mettre à la place de l'enfant qu'il
venait de placer dans mon lit. Tout émerveillé
du ton doux et honnête de ce personnage, et
de la bonté avec laquelle il me parlait, langage auquel je n'étais plus depuis long-temps
habitué, je ne fis aucune résistance, et me laissai placer dans la machine, sans prévoir quelle
était destinée et avait été préparée exprès pour
ma libération. Après des allées et des venues,
on me fit sortir, et je fus mis au lit. La pluie
tombait par torrens, personne ne put faire
attention à ce qui se passait. On se hâta de me
nettoyer la tête, qui était pleine de vermine
et de plaies, et on me lava le corps. Le soir
étant venu, je fus conduit non loin de là et
placé dans un autre cheval bien plus grand; il
était de bois et artistement recouvert d'une
véritable peau de l'animal qu'il représentait;
on l'avait attaché à une grosse charrette, de

manière à être supporté par deux allonges en
fer, cordées et peintes de la couleur des cordes
ordinaires, et fixées à la pointe des brancards,
et directement devant le cheval qui était attelé
à la charrette même; il avait devant lui deux
autres chevaux, ce qui présentait un attelage
de quatre de ces animaux, traînant une voiture conduite par un homme en blouse, habitué à ce métier, et n'ayant pour toute charge
qu'un peu de paille. Ce cheval était aussi léger
que l'avait pu permettre sa grandenr, ses jambes un peu plus courtes et pliantes dans toutes
les jointures inférieures, ce qui facilitait la
marche, en cas de rencontre d'un corps dur.
Il était bien garni dans l'intérieur, et fourré
de manière à éviter les inconvéniens des se-
cousses de la charrette; sous sa longue queue
était un soupirail qui avait également été pratiqué dans les oreilles, les narines et aux quatre jambes pour faciliter la respiration. Toute
parfaite qu'était cette invention, elle n'aurait
cependant pu échapper en plein jour à l'œil
exercé de la surveillance; mais la nuit, pendant une pluie abondante, les visiteurs étant

sans soupçon relativement à un piège de ce
genre, inconnu peut-être depuis Troyes, et
n'étant point prévenus de l'enlèvement, en
eussent laisser passer bien d'autres avec autant
de facilité : la charrette était en outre vide, et
on ne voyait qu'un résidu de paille dessus,
comme si on venait d'en enlever la charge. Arrivés aux portes de la ville, le conducteur et
la voiture furent visités, et la paille soulevée
avec l'instrument obligé qu'on introduisit partout pour s'assurer qu'il n'y avait point d'aris-
tocrate ou de prêtre caché dessous; les visiteurs
qui, à Paris comme ailleurs, n'aiment guère à
se mouiller inutilement; pensant, du reste,
que rien de suspect ne pouvait se trouver sur
une voiture vide, prononcèrent le : En route,
tant désiré. Aussitôt on s'éloigna avec vitesse
de cette enceinte funeste, et je ne tardai pas à
m'endormir. Quelques instants après, on arrêta
la voiture, on ouvrit le cheval de bois, on
m'en fit sortir, et je fus de suite et à la hâte
placé dans une voiture qui attendait, et nous
fûmes emportés loin de ces lieux dangereux.

CHAPITRE V.

On m'a fait connaître depuis les moyens mis en usage pour m'enlever, et j'ai pu apprécier la grandeur de ce service en connaissant mieux les obstacles qu'on eut à surmonter. Voici ce que m'a raconté le prince de Condé lui-même, en 1794, et qu'il m'a confirmé en 1816, après ma rentrée en France :

« Craignant pour vos jours, je dépêchai un de mes aides-de-camp à Charrette, afin d'aviser aux moyens à employer pour vous enlever. Il fut nanti de lettres de crédit suffisantes à cet égard. Après s'être concerté avec le général vendéen, mon émissaire se rendit à Paris ; il prit une note exacte des lieux et s'y pratiqua des intelligences. Il fit d'abord connaissance avec le concierge en chef, qu'il parvint, à l'aide d'une forte somme, à mettre dans ses intérêts, sans lui faire toutefois confidence de ses

véritables intentions; car il ne désirait, assurait-
il, qu'adoucir la captivité du jeune prince , ce
qui ne pouvait compromettre personne. Peu à
peu il se lia avec les autres gardiens et même
avec quelques municipaux qu'il sut intéresser par
des prévenances ou des cadeaux ; de cette manière il allait et venait sans obstacle ; on était
habitué à le voir entrer et sortir seul ou avec
le concierge en chef ou tout autre. Quand il
jugea le moment opportun , il proposa une
somme considérable à la Simon, si elle consen-
tait à vous laisser enlever. L'appât de l'or parut produire son effet ordinaire sur cette
femme qui ne manquait pas d'avidité ; mais la
crainte d'être maltraitée par son mari, et qu'il ne
fût gravement compromis, la retenait ; ce ne fut
que sur l'assurance positive que mon envoyé
lui donna qu'il n'y avait aucun risque à courir,
qu'elle consentit à la fin à favoriser votre enlèvement. Il fut convenu qu'on choisirait le moment où Simon irait au club ou ailleurs, pour
mettre ce projet à exécution. On lui promit de
la protéger envers et contre tous, et on lui fit
espérer un sort brillant si jamais vous recou-

vriez l'héritage de vos pères. L'instant favorable s'étant présenté, mon émissaire, qui avait fait confectionner un cheval de carton creux et dans lequel il devait vous mettre pour vous sortir du Temple, demanda la permission d'introduire ce joujou dans la prison pour vous faire prendre un peu d'exercice. Le concierge en chef qui était loin de se douter du projet, appuya la demande auprès des municipaux et autres surveillans du local. L'autorisation accordée, il se procura un enfant de votre âge, et à peu près de votre corpulance; il lui fit avaler une dose d'opium suffisante pour l'endormir plusieurs heures; il le mit dans le cheval et porta le tout dans la tour. On eut peut-être cherché à visiter la machine, mais on n'y songea même pas, surtout parce que le porteur passait en plein jour et accompagné du concierge en chef. Arrivés chez la Simon, notre homme put exécuter l'échange et partir. Les fonds avaient été déposés dans une maison indiquée par la Simon, avec ordre de les lui remettre quand elle le désirerait. On n'avait pas pu faire autrement, car dans une affaire de ce genre, il valait mieux courir la

chance de perdre de l'argent que de vous abandonner, ou de manquer son but par trop de mé-
fiance. Il fut convenu entre mon envoyé et la
Simon qu'il dirait en bas qu'il remportait le cheval, parcequ'elle ne voulait pas le laisser introduire dans votre chambre sans que son mari fut
présent. Il descendit effectivement avec le cheval, et comme on lui demanda pourquoi il ne le
laissait pas, il répondit ce dont il était convenu
avec elle. Alors chacun se récria contre une
telle barbarie. A-t-elle peur, disait-on, que
l'enfant ne mange le cheval ou que le cheval
ne le mange ; c'est trop fort et du dernier ridicule. Le concierge en chef, au désespoir d'a-
voir été obligé de s'éloigner, fut trouver la
Simon qui, s'obstinant à ne pas vouloir laisser
introduire le cheval, le menaça de porter sa
plainte à la section, s'il persistait ; force fut donc
de remporter le cheval. Mon émissaire m'a assuré
qu'il avait eu la crainte sérieuse que le concierge
en chef ne forçât la Simon à garder la machine,
ou qu'il ne fit des instances auprès des municipaux eux-mêmes, ce qui eut fait avorter son
projet. Il n'en fut heureusement rien. Il vous

déposa dans une maison de la rue Philippeau, où on se hâta de vous rendre tous les services que nécessitait l'état pitoyable dans lequel vous étiez, et que vous n'avez sans doute pas encore oublié. Vous savez le reste· Quant au cheval de bois, dans lequel vous avez été conduit hors de Paris, il avait été préparé par les mêmes soins et dans les mêmes intentions. Ce moyen était peut-être inutile ; mais comme il fallait tout prévoir, et qu'il était possible qu'on s'aperçut immédiatement de l'enlèvement, on crut prudent de prendre toutes les mesures nécessaires pour réussir. Tout était perdu si on eut échoué, il aurait été impossible d'y revenir, et vous auriez été victime d'une imprudence. Dans ces temps calamiteux, on visitait tout avec une attention propre à déjouer les plans les mieux concertés. Tout était prêt depuis un mois, quand on sonda la Simon pour la première fois, ce qui permit de saisir l'occasion opportune ménagée évidemment par la divine Providence qui n'amollit alors le cœur de la Simon, que pour faire triompher la justice et assurer le bonheur de la France... »

Je sentis vivement, à ce récit, les obligations que j'avais à cet homme dévoué et au
prince magnanime qui l'avait chargé de cette
périlleuse entreprise. La mort m'avait déjà
privé du doux plaisir de la reconnaissance....
La femme Simon a survécu long-temps à son
mari et aux orages révolutionnaires. Le comte
de Lille et nos autres parens le savaient parfaitement. Ils n'ignoraient pas qu'enfermée à
la salpétrière, on la faisait passer pour folle, ce
qui détruisait tout l'effet que pouvaient produire ses déclarations. On aurait pu en tirer
de grandes lumières ; mais on se garda bien
de l'interroger. Ce n'est pas la vérité que mes
parens recherchaient, elle était trop pénible
pour eux... Ils savaient parfaitement que l'enfant qui mourut au temple, environ un an
après mon enlèvement, fut celui qui m'avait
été substitué. La femme Simon l'a raconté à
qui a voulu l'entendre, et c'est ce qui motiva
sa perte. Le prince de Condé m'a assuré qu'il
en avait informé le comte de Lille ; que celui-ci reçut cette confidence avec froideur, et
que c'est ce qui l'engagea à lui laisser ignorer le

lieu que j'habitais. Il me dit aussi que Robes
pierre, qui était à l'époque de mon enlèvement
à la tête du gouvernement français, s'étant
douté de quelque chose, et désirant, pour des
raisons de la plus haute importance , que rien
n'en transpirât, ce qui eût produit un effet
contraire à ses vues, fit semblant de l'ignorer ;
et il attendait le moment d'en tirer vengeance
avec sécurité , lorsqu'il fut lui-même renversé
par une faction opposée et traîné à l'échafaud.
Simon le suivit de près, et la terre fut purgée
de deux monstres qui l'avaient trop long-
temps souillée par leurs forfaits.

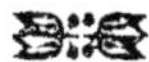

CHAPITRE VI.

Aussitôt après la chûte de Robespierre et de ses complices, la Simon fut éloignée du temple et remplacée par une autre femme à laquelle, en lui présentant l'enfant qui avait été mis à ma place, on fit la recommandation de veiller à ce que rien ne lui manquât. Ce qui m'étonne, c'est qu'il ne soit jamais venu dans l'idée de personne de faire des questions à cet enfant; on en aurait tiré quelques éclaircissemens qui auraient mis sur la voie pour retrouver l'endroit où on l'avait pris. Il paraît aussi qu'il a toujours été souffrant, et je ne serais pas éloigné de penser que la trop forte dose d'opium qui lui a été administrée n'ait contribué à le plonger dans l'état continuel de marasme et de stupidité qu'on a remarqué en lui depuis ce moment jusqu'à sa mort. Quoiqu'il en soit, Barras, qui n'apprit que plus tard les faits ci-dessus relatés, et qui n'avait à ma destruction, ni les mêmes raisons ni le même intérêt que quelques-uns des bourreaux de ma famille , recommanda vivement à la nouvelle gardienne la santé du détenu qu'il croyait être le fils de son roi; il fut détrompé et apprit bientôt que j'avais été enlevé et que j'étais en Allemagne.

La Simon a dit à qui a voulu l'entendre , tout ce qui s'était passé au Temple; quand et comment j'avais été enlevé ; c'est par elle que Barras, Joséphine et autres l'ont su. On assure, en outre , que les cartons de la police renfermaient plus d'une révélation à ce sujet ; mais que D... a eu soin de tout détruire.

Depuis ma sortie j'ai paru dans la Vendée, et j'ai passé quelques semaines auprès de Charrette. Conduit en Allemagne, on me remit entre les mains du prince de Condé, qui put enfin jouir de son ouvrage. Peu de temps après je fus débarrassé des tumeurs qui gênaient l'articulation de mes poignets et de mes genoux, et dont les cicatrices apparentes attestent encore aujourd'hui l'existence. On pense sans doute que le prince de Condé me confia

aux mains d'un des Souverains de l'Europe,
après mon arrivée auprès de lui; il n'en fit
rien, et il agit en cela avec la prudence et le
discernement qui le dirigèrent dans tout le
cours de sa vie. La conduite de ces princes,
dont les intentions n'avoient pu lui échapper,
lui fit justement craindre qu'ils n'abusassent
de sa confiance et ne se servissent de ce dépôt
comme d'un instrumeut pour arriver à leurs
fins, sauf à le sacrifier ensuite. Condé voulant,
en outre, éviter les questions qu'on ne pourrait manquer de lui faire en voyant près de
lui un troisième enfant, tandisqu'il était notoire qu'il n'en avait que deux, craignant pour
moi l'effet des bruits qui s'étaient répandus
dans toute la France et qui circulaient déjà
en Allemagne, ce qui le mettait dans de con-
tinuelles alarmes, résolut de m'éloigner et de
me confier à un homme sur la loyauté et le
dévoûment duquel il put compter. Après de
mûres réflexions, il se décida à me remettre
au brave Kléber dont il connaissait les principes, et qui, sous tous les rapports, était digne
de cette confiance.

Avant de mettre ce projet à exécution, Condé m'en fit part, en me faisant observer que je serais mieux caché et plus en sûreté au milieu des Français, à qui j'étais totalement inconnu ; que je pourrais, sous ce grand modèle, me former dans l'art de la guerre, que c'était un excellent général et un ami dévoué qui guiderait tous mes pas ; que la circonstance de sa mise en état de réforme était un gage de sécurité de plus ; qu'il ne pouvait tarder à être employé ; que si des événemens tels qu'on pouvait les désirer me permettaient de me déclarer un jour, je pourrais compter sur lui et qu'il me serait attaché jusqu'à son dernier soupir. Je demandai alors au prince, pourquoi il ne me conduisait pas auprès de mes oncles et de ma sœur, qui venaient d'arriver en Autriche ; il me répondit : « Le ciel vous préserve d'être jamais obligé d'avoir recours à » vos oncles. Vous saurez un jour le cas qu'on » en doit faire et la part déplorable que l'un » d'eux a prise aux malheurs de notre maison, » et vous frémirez. Quant à l'Empereur, le » traitement qu'il fait éprouver à votre

» sœur en la retenant captive , fait présumer
» celui qu'il vous réserverait s'il vous tenait
» en son pouvoir. Il ne vise à rien moins qu'à
» s'emparer de la France et à y placer un de
» ses frères en lui faisant épouser votre sœur.
» Votre existence serait donc un obstacle à ses
» projets, et il vous sacrifierait sans pitié.
» Croyez-moi, aucun potentat ne doit avoir à
» disposer de votre vie ; tous en abuseraient. »
J'approuvai donc ce premier projet avec d'autant plus de facilité que nous reconnumes que
la protection des autres princes de notre famille serait insuffisante pour me soustraire
aux dangers dont on m'environnerait, si l'on
venait à me découvrir. Non content de ces
précautions, Condé voulut encore me prémunir contre l'avenir, et il rédigea un écrit dans
lequel il détailla toutes les circonstances de
ma naissance , de mon emprisonnement, de
mon enlèvement, de mon arrivée auprès de
lui et des raisons qui l'engageaient à me confier à Kléber plutôt qu'à aucun des souverains
de l'Europe. Après quoi, il me fit conduire secrètement à Mayence, accompagné de mon

premier libérateur et de quelques hommes
dévoués. C'est ainsi que nous nous quittâmes
pour ne nous revoir qu'en France et au moment où il s'y attendait le moins. L'envoyé se
rendit auprès de Kléber, lui donna la lettre
du prince, l'engagea à se charger de ma personne et revint nous rendre compte de sa
mission. Il ne se passa rien de nouveau pendant plusieurs semaines ; enfin le général nous
ayant désigné le lieu où nous pourrions le
rejoindre, nous nous y transportâmes et il
m'emmena. Comme je ne me suis jamais bien
informé de ce qui se passa entre Kléber et
l'envoyé de Condé, je passe ces faits sous silence. Kléber, au moment de nous éloigner,
me fit sentir qu'une grave responsabilité pe-
sait sur sa tête ; que, s'étant chargé de mon
avenir, à la prière du prince, qui lui avait ex-
pédié un homme à cet effet, il m'engageait à
la plus grande discrétion ; que, dépositaire
d'un paquet qu'il ne devait me remettre que
dans quelques années, et qui servirait à me
faire reconnaître au besoin, il ne négligerait
aucune des précautions qu'il croirait nécessai-

res pour soustraire le tout aux regards et aux recherches, si on en faisait jamais; qu'il justifierait la confiance qu'on avait en lui; que mon sort dépendait de moi principalement; que la moindre indiscrétion de ma part exposerait ma tête et la sienne, et que, dans ce cas, ce serait payer son dévoûment de la plus noire ingratitude. Il me traça un plan de conduite et commença à remplir les vœux du prince relativement à mon éducation. Je sens le besoin de dire ici que ce vertueux guerrier s'acquitta de ce soin avec toute la sollicitude d'un père, et que la fortune me fit alors retrouver en lui une partie de ce dont elle m'avait si cruellement privé.

CHAPITRE VII.

Sur ces entrefaites, parut à la tête des armées françaises l'homme étonnant qui pouvait, s'il avait voulu, amplement venger mon pays des nombreuses perfidies de ses ennemis. Les premiers succès de Bonaparte surpassèrent de beaucoup les espérances de la nation, et il semblait réservé pour les plus grandes choses. Une expédition, fruit de la conception gigantesque de son vaste génie, l'engagea, pour l'exécution, à choisir parmi les généraux français ceux en qui il reconnaissait le plus de mérite et de capacités. Kléber ne pouvait être oublié, aussi fit-il partie de l'état-major général de l'armée, et il me conduisit avec lui. Pendant que nous étions en Égypte, Bonaparte demanda plusieurs fois à Kléber qui j'étais. « C'est, répon- » dait-il, un orphelin, fils d'une de mes pa- » rentes, qui m'a été remis pour veiller à son

» éducation et guider ses premiers pas dans la
» carrière des combats; malgré sa jeunesse, je
» crois qu'il nous sera très-utile et qu'il saura
» mériter vos bonnes grâces. » Cette explication parut satisfaire le général en chef, car il
me caressa la joue après une réponse que j'a-
vais moi-même faite à ses questions. J'avoue
que je ne sentais aucun éloignement pour cet
homme extraordinaire; je recherchais, au contraire, toutes les occasions de le voir et de
l'entendre; j'écoutais avec avidité le peu qu'il
disait, et l'on sait qu'il n'était pas très-commu-
nicatif. Les sentimens que je conserve à l'égard
de l'illustre fils de ce grand homme, sont
sans doute l'effet de l'admiration que celui-ci
m'inspira dès les premiers instans de sa carrière éclatante, et de la reconnaissance que je
ne cesserai d'avoir pour les bontés de l'intéres-
sante Joséphine, qui n'a cessé d'intercéder
pour moi qu'en cessant de vivre. Chef de la
France, Napoléon n'a pas assez senti toute
l'importance de sa personne, et c'est, à mon
avis, le plus grand reproche qu'on puisse lui
faire, ou du moins le seul réellement fondé.

Il m'a paru nécessaire de revenir sur ma sortie du Temple, afin de démontrer l'inexactitude des relations qui ont été faites tant par Cléry que par ma sœur elle-même, et de dévoiler le véritable motif de la mort de Dussault. Après le 9 thermidor et la chûte de Robespierre, le Directoire avait changé les gardiens du Temple; en montrant à ceux-ci l'enfant mis à ma place et ma sœur, il leur avait été prescrit d'avoir pour eux tous les égards dûs à la position de ces deux infortunés. Ces ordres furent sans doute exécutés; mais ils ne pouvaient concerner que ceux qui étaient sous les verroux. Les directeurs, qui ignoraient mon enlèvement, pensèrent naturellement que j'étais encore au Temple, et ils n'avaient nulle raison d'en douter. Ce ne fut que le procès-verbal du docteur Dussault qui les détrompa; aussi se hâta-t-on de s'en débarasser. Dussault m'avait vu autrefois; il me connaissait parfaitement, et il lui fut facile de reconnaître que l'enfant qu'on lui présentait n'était pas moi. Cette découverte mit les directeurs en émoi. La bonne Joséphine, qui depuis périt victime

de son bon cœur, avait appris toutes les circonstances de mon enlèvement ; elle en parla
à Barras, et celui-ci n'en fit plus un mystère ;
ce qui explique le soin extrême qu'on a toujours mis à s'emparer des papiers des hauts
fonctionnaires, et le désappointement de P...
et autres, qui n'ont pu saisir ceux de Barras
au moment de sa mort. J'avais, du reste, toujours pensé que la Simon jaserait, et que tout
le monde finirait par être mis dans la confidence aussitôt que les circonstances le permet-
traient. Ces éclaircissemens démentent absolument tout ce qui a été écrit à ce sujet : néanmoins
le secret de mon enlèvement ayant été renfermé
dans le sein de peu de personnes presque toutes
interressées à le cacher, il n'est pas étonnant
que les auteurs contemporains, qui ont raconté
les événemens de ces temps désastreux, n'aient
pu faire connaître la vérité dans leurs mémoires,
ou qu'aucun n'en ait pu parler avec certitude ,
quoique partie d'entre eux ait retracé le tableau
des souffrances de l'infortuné mort au Temple
en 1785. Ce qu'il y a de vraiment surprenant,
c'est que cet enfant ait été atteint du même

mal qui me tourmentait lors de ma sortie. Quant à la malpropreté dont on n'a pas craint de me faire un reproche ; il m'était impossible de faire autrement ; je ne pouvais presque pas me lever; ce n'est qu'avec une peine infinie que je me traînais au guichet de ma prison pour répondre à l'appel de Simon , et les cicatrices qu'on aperçoit encore sur mes jambes , sont un témoignage frappant des mauvais traitemens qui étaient la suite de mon inexactitude, ou, pour mieux dire, de la difficulté d'obéir assez promptement afin d'échapper à ces cruautés. Il est facile de tracer un tableau , même très-sombre, de ce qu'on n'a pas vu et encore moins souffert, mais il est impossible d'arriver à la vérité. Prétendrait-on prendre pour analogie le traitement qu'on a fait éprouver à mon remplaçant? Ce serait une grave erreur. Il n'est resté que peu de jours avec Simon et sa femme; les nouveaux gardiens reçurent, sur-le-champ, l'ordre d'en avoir un soin tout particulier , et si sa constitntion n'avait pas été déjà comme détruite , lorsqu'il fut mis à ma place, nul doute qu'il ne vécut encore aujourd'hui. Les détails donués sur mes souffrances sont froids, parce qu'on ne les a pas connues : qui aurait pu d'ailleurs les fournir ? Simon mourut quelques jours après son digne maître; la Simon a été constamment considérée comme folle ; ni l'un, ni l'autre ne pouvait donc parler. Ensuite, croit-on que cette dernière eut dit toute la vérité ? Je ne dissimule pas le désavantage de ma position. Il est difficile de détruire la prévention qui s'élève contre mon existence, après tant de versions et surtout les avœux de ma sœur, dont on était loin de soupçonner la duplicité. Cependant, si on considère avec attention l'intérêt majeur qu'avaient le comte de Lille, Robespierre, Barras, Bonaparte et ma sœur elle-même, à ce que le public ne fut jamais détrompé, on aura l'explication de l'obscurité qui enveloppe le récit de tous les faits qui me concernent. En effet, Robespierre, oubliant son rôle d'agent, désirait s'emparer des rênes de l'état, et pour s'y donner quelques droits, en apparence, il voulait épouser ma sœur, et l'y forcer en cas de refus : cette volonté secrète de Robespierre explique clairement la diffé-

rence des traitemens que nous avons éprouvés;
la mort de Philippe, premier artisan de nos
malheurs et lâche complice de ce monstre; le
projet de m'anéantir et de faire disparaître par
ce moyen le seul obstacle sérieux qui pouvait
s'opposer aux vues du tyran de la Convention.
La postérité jugera les actions de tous les in-
trigans qui ont acquis un nom pendant le cours
de notre sanglante révolution, et l'histoire
fera la part de chacun.

CHAPITRE VIII.

Après des combats et des victoires, Bonaparte repassa en France, laissant Kléber et Desaix à la tête de l'armée. Aussitôt après son débarquement, il arracha au directoire, pouvoir indécis et lâche, le gouvernement de la république, et ne tarda pas à régner sous le titre de consul. Il affermit aisément son autorité, tant était grande l'influence de sa gloire, tant vif était pour la France le besoin d'ordre et d'unité dans les affaires publiques. L'Autriche, qui ne pouvait renoncer à son système favori d'envahissement, fut attaquée, culbutée, écrasée, et forcée de céder partie de ses états. Au commencement de cette première campagne du consulat, si courte et si belle, Desaix débarqua; je l'avais suivi; l'état de ma santé n'avait point permis de me laisser plus long-temps en Égypte. Kléber, en me confiant à Desaix dont il était sûr, lui remit le paquet de papiers qu'il avait reçu du prince de Condé. J'ignore s'il lui découvrit le secret qu'ils renfermaient ; tout porte cependant à le croire, et j'en ai pu juger par la conduite de ce brave et loyal guerrier. Desaix, à notre retour en France, craignant les chances de la guerre sanglante qui venait de se déclarer, et dans la persuasion que les boulets européens ne nous connaîtraient plus, me fit sentir que, s'il succombait, je me trouverais isolé et sans aucune espèce d'appui, et qu'il désirait, pour remplir les intentions de Kléber, m'assurer un protecteur assez puissant pour me préserver des pièges qu'on pourrait tendre à mon âge et à mon inexpérience. Au nom du nouveau mentor qu'il me désigna, un frisson glacial s'empara de tout mon être : je sentis une grande répugnance à confier mon avenir à un homme qui avait contribué aux malheurs de ma famille et qui jouait encore un grand rôle : c'est nommer Fouché. Desaix m'assura que ce personnage mettrait autant de zèle à me préserver des ambûches de mes ennemis, qu'il avait mis d'acharnement contre nous ;

qu'il en était certain , et qu'il en répondait comme de lui-même. « Il ne faut pas toujours » juger les hommes sur les apparences, me dit- » il : tel qui, aujourd'hui, se montre ennemi, » prête son appui le lendemain, soit qu'il re- » vienne d'une funeste prévention, soit que » son cœur change, soit enfin un effet natu- » rel de la versatilité du caractère. Je ne puis » affirmer positivement quelle est celle de ces » raisons qui guide Fouché ; mais j'ai la con- » viction qu'il aura tous les égards dus à votre position et toute la sollicitude d'un père. » Ces argumens étaient sans replique. La suite m'a prouvé que Desaix avait bien jugé. Nous re- joignîmes l'armée française dans les environs de Voghera, quelques jours avant la célèbre bataille de Marengo, qui décida du sort de la campagne, et dans laquelle Desaix perdit la vie.

La paix , fruit de la bravoure française et des talens militaires du consul, m'ayant laissé quelques momens de relâche , je ne m'occu- pai d'abord que des idées tristes que fit naître en moi le trépas du protecteur que je tenais de Kléber, dont j'appris la mort quelque-temps après : un mameluck l'avait assassiné! Je perdais ainsi les deux seuls hommes que mon cœur eut l'habitude d'aimer! J'ignorais ce qu'était devenu le prince de Condé et sa famille ; je ne pouvais en avoir aucunes nouvelles. Je sentis vivement la double perte que je venais d'éprouver, j'étais sincèrement attaché à ces deux généraux, que les vertus privées, les talens, la loyauté de caractère, la pureté des mœurs, rendaient l'objet de la vénération de tous ceux qui avaient le bonheur de les approcher. Ils m'avaient servi de père, et je m'étais fait une douce habitude de nommer ainsi l'un d'eux. Blessé à la main gauche presqu'au même moment où le plomb meurtrier frappa Desaix, je fus forcé, avant de prendre aucune résolution, d'attendre ma parfaite guérison à Alexandrie. Qu'on se figure ma position. Isolé, sans appui, à deux cents lieues de mon pays, au milieu d'étrangers, sans asile, sans projets arrêtés et à l'âge de seize ans, et l'on jugera quel devait-être mon embarras ! Sorti de France à neuf ans, n'y connaissant plus personne, craignant d'être découvert ou trahi, je tremblais à la

seule pensée des dangers qui me ménaçaient.
Je pouvais demeurer sous les drapeaux ; ma
blessure me donnait des droits à être conservé
dans les cadres de l'armée, puisque Kléber
m'avait employé comme aide-de-camp, et que
je fus attaché à Desaix en cette même qualité
avec Rapp ; mais une déclaration positive de
mon âge, du lieu de ma naissance, et surtout
de mon nom, me compromettait infailliblement et me mettait en butte aux persécutions
de Bonaparte qui, revêtu, sous le nom modeste
de pemier consul, de la suprême magistrature,
l'exerçait avec un despotisme qui faisait présa-
ger le régime impérial. Je pris donc le parti le
plus prudent, je gardai le silence.

C'est ainsi qu'au début d'une brillante carrière, je fus forcé de me retirer et de renoncer
aux avantages qui en résultaient. Kléber avait
proposé et espérait faire agréer ma nomination
à l'emploi d'adjudant-général, ce qui me clas-
sait au nombre des généraux de brigade, puisque le premier de ces grades avait été remplacé en 1799 par le second. Je portais les
insignes de celui-ci ; cette circonstance n'éveilla

cependant pas la surveillance du consul; sans cela, il eut fait à Desaix, quand nous arrivâmes à l'armée, des questions qui l'auraient peut-être embarrassé et eussent donné lieu à des soupçons qui, avec un esprit aussi exercé, équivalaient à une certitude. Il m'avait parfaitement reconnu; son regard perçant cherchait à pénétrer jusque dans les replis de mon cœur; et depuis cette époque il m'inspira une véritable crainte. J'ai appris, plus tard, que Joséphine l'avait informé des circonstances de mon enlèvement; que Barras, Cambacérès et autres les lui avaient confirmées, et que, quoiqu'il eût l'air de n'y point ajouter foi, le coup n'en était pas moins porté. Il me semblait donc urgent de me mettre à l'abri de ses investigations. Je profitai du moment où d'autres combats signalaient sa présence loin d'Alexandrie, pour m'éloigner et rentrer en France. J'étais néanmoins dans un très-grand embarras et ne savais réellement à quoi me résoudre. En voulant éviter un piége, je craignais de tomber dans un autre. Les paroles de Desaix m'inspiraient toute confiance; il m'avait

remis les papiers me concernant, et cette circonstance ajoutait encore à mes perplexités.
Que deviendrais-je, si on me trouvait nanti
dans ces pièces? Telle était la question natu-
turelle que je m'adressais. Une espèce de ter
reur s'empara de moi et menaçait d'absorber
mes facultés. L'horreur des supplices que m'a-
vaient fait endurer Simon et sa femme, se re-
traçant vivement à ma mémoire, je tremblais
à l'idée de retomber au pouvoir de ces deux
tigres, et on devinera facilement l'effet que ce
cruel souvenir dût produire sur moi. Qu'on se
mette un moment à ma place et qu'on juge.
Ensuite Fouché, dont le nom seul m'avait fait
éprouver un vif sentiment de répulsion, était-
il l'homme qui pouvait me rassurer? Si Desaix
s'était trompé? Si, avant d'arriver jusque-là,
j'étais arrêté, puisque je quittais l'armée sans
autorisation; qu'en résulterait-il? Heureusement que ma blessure me mettait à l'abri de
tout reproche de désertion ou de lâcheté;
mais la saisie et l'ouverture du paquet dont j'é-
tais porteur pouvaient motiver des conjectures
fâcheuses et des vexations, et me précipiter

de nouveau dans l'abîme. Il fallait prendre un parti : je m'acheminai vers la capitale. Aussitôt après mon arrivée, je me présentai à Fouché, et j'eus lieu de me convaincre que Desaix n'avait point été abusé. Je lui remis mes papiers qu'il plaça en lieu de sûreté, et je pus enfin respirer.

CHAPITRE IX.

Un des premiers soins du consul, à son retour, fut de s'informer de ce que j'étais devenu : il s'adressa, pour cet effet, à Fouché, en
l'invitant à faire tous ses efforts pour me découvrir ; que l'autorité militaire n'avait pu lui
donner aucun éclaircissement à ce sujet, et
qu'il voulait savoir où j'étais. Sans m'occuper à
tracer ici le caractère impérieux et absolu du
consul, je dirai, comme tous ceux qui l'ont
connu, que sa volonté était ferme et immua-
ble. Fouché le trompa sans doute : que se-
rais-je devenu sans cette protection ! Bonaparte
ne s'en rapporta pas seulement à Fouché, car
il employa une foule d'agens secrets, souvent
découverts ou devinés par l'adroit ministre,
qui se faisait un amusement de leur donner le
change et de les mettre hors d'état de me
nuire. Le consul a eu sans doute plus d'une

fois l'idée de me faire accuser de désertion ; mais il craignait que je fisse publier un mémoire justificatif, qui eut dévoilé ce qu'il avait tant intérêt à cacher. Ma position, comme on le voit, n'était pas tenable; et l'affaire de la machine infernale, ouvrage de l'enfer, ne contribua pas à l'améliorer. Vers ce temps, je fis connaissance avec Moreau ; et un de ses amis m'ayant annoncé le retour de Pichegru, je résolus de m'ouvrir à ce dernier, sans en prévenir Fouché, que je redoutais toujours. Pichegru fut transporté de joie, lorsque je lui découvris mon secret; il vit de suite tout le parti qu'on en pouvait tirer. Il se hâta d'informer Moreau qu'il avait un Bourbon de sa connaissance sous sa main, et qu'il était nécessaire de s'entendre à ce sujet, sans lui découvrir positivement quel était ce Bourbon. Dès ce moment, on chercha à former un parti et à conspirer, non pas contre la vie du Consul, comme on l'a prétendu, mais pour le renverser. Un jour que je me présentai chez Moreau, au moment du conseil, tous les conjurés, par un mouvement spontané, se levèrent et se découvrirent.

Cet empressement respectueux, auquel j'étais loin de m'attendre, vu la circonstance et le lieu, m'étonna de la part d'hommes prudens, et pouvait tout gâter. J'en parlai à Pichegru après la séance. Il me répondit que personne n'avait pu être maître de ce mouvement; qu'il avait été aussi imprévu que l'occasion qui le faisait naître, puisqu'on ne m'attendait pas, et qu'il ne se dissimulait point qu'il pouvait avoir des suites funestes; car comment répondre de son voisin ? En effet, Fouché et le Consul ayant été avertis le lendemain-même, Moreau, Pichegru et autres furent arrêtés; et comme, selon la maudite manie que j'avais alors d'écrire quelquefois chez les personnes que je voyais familièrement, j'avais tracé quelques vers sur du papier dans la chambre de Pichegru, les commissaires s'en emparèrent, et au lieu d'en faire la remise à Fouché, ils portèrent le tout au Consul qui, furienx de me savoir si près et de ce que j'étais connu des conjurés, s'emporta contre ce qu'il appelait l'incurie et la négligence de Fouché, et le menaça de lui faire un mauvais parti s'il ne me trouvait pas.

Le désappointement de Bonaparte etait d'autant plus sensible que tous les conjurés, à l'exception de Pichegru, croyant que j'étais le duc
d'Enghien, agissaient dans ce sens, tandis que
Pichegru seul était bien informé. En attendant,
comme il eut été dangereux de laisser parler
ce dernier, il fut étranglé dans sa prison, et on
fit publier qu'il s'était suicidé pour éviter le
supplice qui l'attendait. Une réflexion simple
et sans replique convaincra facilement les plus
récalcitrans, que la mort de Pichegru a été l'ouvrage du crime et non du désespoir. Pichegru,
coupable d'un complot contre la vie de Bonaparte ou la sûreté de l'Etat, aurait défendu sa
tête contre ses boureaux et il avait l'espoir de
leur échapper. Pouvait-on l'accuser de complot
contre la vie du Consul? Dans quelle circonstance? Contre la sûreté de l'Etat? où étaient
les actes qui pouvaient établir une semblable
inculpation? Est-il probable qu'on se détruise
pour éviter une mort incertaine? On sait qu'à
cette époque les tribunaux criminels n'étaient
pas très-avares du sang des citoyens qui ne par-
tageaient pas leur servilité; néanmoins ils ob-

servaient encore les formalités voulues par les
lois, et Pichegru, soit dans ses interrogatoires,
soit pendant les débats, aurait facilement
prouvé que ni lui, ni ses coaccusés, ne com-
plottaient contre la vie de Bonaparte ou la sûreté de l'Etat. D'un autre côté, pourquoi n'ai-
je pas figuré dans la procédure et sur le banc
des prévenus ? C'était le cas ou jamais. Comme
on le voit, on ne désirait pas des éclaircissemens à l'égard d'un prétendu complot,
on craignait, au contraire, qu'il ne parlât de
moi ; et voilà précisément l'unique et secrète
cause de sa mort violente. En fait d'accusation,
non seulement on n'engage pas les prévenus
au silence, mais on les force encore à parler
plus qu'ils ne le voudraient, et on les enlace si
bien qu'il est presque impossible d'échapper
à la ruse de questions habilemeut faites par des
juges instructeurs, dressés à ces manœuvres
comme des chiens de chasse, et qui emploient
toutes les ressources de leurs lumières inquisi-
toriales pour surprendre le crime ou l'innocence
timide. On connaît, du reste, le peu de scru-
pule des magistrats de ces temps, pour les

formes et surtout pour le fond des accusa-
tions : il suffisait que l'inculpé fut livré par le
pouvoir à leur animadversion, pour le sacrifier sans pitié. Si donc on n'a pas livré Pichegru à leur complaisante cruauté, c'est qu'on a
craint que ses révélations n'ébranlassent la fidélité des uns et ne convertissent les autres.
Moreau ne fut pas sacrifié, parce que Bonaparte
craignit les réclamations et même l'opposition
de l'armée ; sans cette circonstance, sa tête eut
roulé sur l'échafaud. Cette considération seule
n'aurait pas arrêté le Consul s'il avait été bien
persuadé que Moreau était initié dans le secret
de mon existence ; ce doute lui sauva la vie ;
autrement il aurait eu le sort de Pichegru. Moreau, exilé et proscrit, était un grand homme ;
la vénération et l'estime de ses compatriotes et
des étrangers le dédommageaient amplement
des injustices d'un chef jaloux, ombrageux et
cruel. Son nom passait sans tache à la
postérité, et serait placé à côté de celui de Thé-
mistocles, Aristides et autres héros qui, victimes de l'intrigue et de l'envie, ont gémi loin
deeur patrie en invoquant les dieux pour sa

prospérité. Moreau combattant contre son pays pour se venger de Napoléon, ne fut plus qu'un traître et un lâche, et je sens la rougeur me monter au front en écrivant maintenant ce nom, jadis si illustre. Il eut été à désirer pour lui qu'on lui eut fait partager le sort de Pichegru, il aurait du moins emporté dans la tombe l'estime de l'univers, et sa mémoire ne serait pas à jamais flétrie. Quoiqu'il en soit, la mort de Pichegru, et l'activité des perquisitions faites d'après les ordres de Bonaparte, me forcèrent à m'expatrier, et je fus assez heureux, malgré la plus active vigilance, pour m'embarquer et arriver en Amérique, où il me fut loisible de respirer et de prendre un parti pour qu'on perdit absolument mes traces; car Bonaparte m'aurait atteint partout. Je montai à bord de plusieurs petits bâtimens qui longeaient l'Amérique Septentrionale, et en quelques mois je parvins à l'embouchure du grand fleuve appelé par les Européens Amazone. On ne sera pas étonné de ces particularités, quand on saura avec quelle facilité on voyage dans le nouveau continent, où on n'est assujéti à aucune inquisition ni visite de la part de qui que ce soit; aussi y a-t-il peu de ci vilisation chez ces bonnes gens!

CHAPITRE X.

On me demandera maintenant pourquoi, au lieu de rester en butte aux persécutions de Bonaparte, ou de me transporter dans un autre hémisphère, je n'ai pas cherché à rejoindre ma famille ou sollicité un asile auprès des souverains de l'Europe? Pourquoi, encore, je ne me suis pas présenté auprès du prince de Condé ou à quelqu'un de sa famille qui, me connaissant parfaitement, m'eut procuré une retraite sûre où on ne m'aurait pas découvert? Pourquoi, enfin, je ne me suis pas réuni à ma sœur qui a habité la Courlande jusqu'en 1807, époque où elle fut forcée de se réfugier ailleurs? Ces objections sont certainement puissantes et semblent concluantes; il est cependant facile de les réfuter victorieusement, surtout, si on se reporte aux motifs qui engagèrent le prince de Condé à me confier à Kléber plutôt

qu'à aucun autre étranger et même à ma propre famille, y compris ma sœur. La conduite
du comte de Lille pendant les premières années
de la révolution, son système d'opposition,
ses demi aveux et ses perfides réticences relativement à moi et à ma sœur ; son ambition,
son égoïsme, sa parcimonie et sa dissimulation en avaient fait le fléau de notre famille.
La froideur avec laquelle il accueillit la confidence de mon enlèvement confirma le prince
de Condé dans ce soupçon : que ce comte n'é-
tait pas aussi étranger qu'il affectait de le paraître aux intrigues qui avaient précipité mon
père de son trône, et à l'attentat horrible qui
en fut la suite. Sa complicité avec les ducs
d'Orléans et de Chartres, sa correspondance
avec Robespierre et autres cannibales, qui
n'étaient que ses agens ; et quelques circonstances particulières auxquelles on n'avait jusqu'alors fait aucune attention, dessillèrent à
la fin les yeux de Condé et lui firent comprendre que mon ennemi le plus cruel et le
plus dangereux était dans ma famille; que, puisqu'il n'avait pas rougi de se vautrer, pour ainsi

dire, dans le sang de ses concitoyens et de son propre frère, il ne serait pas plus scrupuleux à l'égard du fils de ce frère, qu'il haïssait dès le jour de sa naissance, et dont il jura la mort au moment même où il promettait de renoncer pour lui aux vanités du monde et à ses pompes, et de le protéger envers et contre tous ; que la prudence voulait que je ne fûsse point mis à la disposition d'un tel homme qui m'aurait alors atteint trop facilement et qu'on n'eut pu accuser de ma mort qui pouvait s'attribuer naturellement aux mauvais traitemens qu'on m'avait fait éprouver au Temple, à la fatigue d'un long voyage, ou à toute autre cause assez présumable à mon âge et dans ma position.

D'un autre côté, demander un asile aux potentats de l'Europe, c'était m'exposer à deux inconvéniens aussi graves l'un que l'autre, sans préjudice d'une considération bien autrement importante pour ma patrie : ou l'on eut cru les preuves que j'avais en main ; ou on n'y eut ajouté aucune foi : dans l'un et l'autre cas j'étais perdu. Si l'on eut cru à la sincérité de ma déclaration, corroborée des titres sur lesquels je l'appuyais, on me reconnaissait publiquement ou secrètement; alors, Napoléon, dont les émissaires bien stipendiés pénétraient jusque dans les cabinets des princes, ne l'aurait pas ignoré long-temps, et l'on m'eut livré à lui, sous le prétexte que je m'étais rendu coupable du crime de haute trahison; en cas de refus, il aurait déclaré la guerre à mon protecteur, l'aurait écrasé, et j'eusse été sacrifié ou salut de l'état : l'assassinat inutile du duc d'Enghien fait tout présumer. Si le souverain auquel je me serais présenté, au lieu de s'en rapporter à mes assertions, m'avait pris pour un intrigant ou pour un espion ; chargé de fers et remis à Napoléon, ma destinée eut été la même. Comme on le voit, l'alternative était désespérante. Croit-on, ensuite, que j'eûsse souffert que mon nom servît de prétexte à une ligue de monarques ; et, qu'à l'aide d'un tel brandon, on eût soulevé les haines de toute l'Europe et porté le fer et la dévastation dans notre beau pays? On m'a bien mal jugé, si on m'a soupçonné capable d'une telle lâcheté. J'ai encore moins songé à me retirer en Augleterre : mon antipathie pour cet exécrable gouvernement a toujours été telle, que j'eusse préféré la mort, de quelque part qu'elle dût me venir. Les races futures sauront que, malgré de funestes préventions, il se trouve, par fois, dans les familles qu'on déchire le plus, quelques membres qui peuvent faire rougir d'une réprobation injuste et qui ne devrait point les atteindre. Victime de ma famille et de la politique machiavélique des rois de l'Europe, il me semblait que je devais mériter tout autre sentiment de la part de concitoyens à qui je ne fis jamais aucun mal et dont les malheurs ont profondément affligé mon cœur sincèrement français.... Si je n'ai pas rejoint le prince de Condé, les motifs n'en sont pas moins puissans. Quoique je n'ignorasse pas le lieu de sa retraite, les raisons qui l'avaient engagé à m'éloigner de lui et du reste de ma famille subsistaient toujours ; et quand bien même j'eûsse reçu du comte de Lille et des autres un accueil favorable, pense-t-on que ce comte, qui avait tant fait pour arriver jusqu'au trône, aurait respecté mes malheurs, au

point de me laisser couler des jours paisibles
Il faut l'avoir bien peu connu pour conserver
même un doute sur la conduite qu'il eut tenue
dans cette circonstance. L'amitié des autres
membres de ma maison devenait inutile : l'influence que ce comte exerçait sur ces êtres faibles
et ineptes suffisait pour paralyser tout sentiment
de bienveillance à mon égard. Qui oserait affirmer que le comte de Lille n'eut pas lui-même
prévenu Napoléon de ma présence en tel ou
tel lieu ? Ceux qui connaissent les princes et
leurs courtisans, savent que rien n'est sacré
pour eux quand l'ambition les dévore. Faudra-t-il compulser les pages hideuses et dégoutantes de l'histoire, pour y trouver des exemples ?

Je m'abstiendrai de toutes réflexions à l'égard de ma sœur. Son cœur, alors, n'était pas
encore flétri ; la nature y conservait quelques
droits ; ses souffrances ne dataient pas de bien
loin. Jeune et dans l'âge heureux qui oublie si facilement les peines, son âme se fût peut-être ouverte aux sentimens généreux ; elle eut sans
doute consenti à me voir ; mais la tentative était

au moins imprudente, car on l'avait entourée de trop d'espions.

Quelle que soit l'opinion qu'on puisse se former à l'égard de ce que je viens de dire, il n'en est pas moins certain que mon départ de l'Europe fut jugé indispensable; que Fouché le conseilla; qu'il m'y disposa facilement, et que les raisons que je viens d'exposer échappèrent si peu à sa perspicacité, qu'il les déduisit lui-même. Il me fit en outre sentir l'inconvénient qu'il y aurait à me fixer dans l'Amérique Septentrionale ou dans aucune des possessions européennes de ce continent; et que, puisque j'étais exposé à être pourchassé comme bête fauve, il valait beaucoup mieux me jeter parmi les sauvages, où je pourrais vivre inconnu et ignoré du reste de l'univers. Quoique je comprisse très-bien que Fouché désirait se débarrasser d'un fardeau aussi pesant, je ne pouvais lui savoir mauvais gré de son avis. Je suivis ses conseils et quittai mon pays, en priant le ciel de le rendre heureux et de ne jamais le réduire à la triste alternative de soupirer après mon retour.

CHAPITRE XI.

Le bâtiment sur lequel je m'embarquai, bien confectionné et fin voilier, arriva à New-Yorck environ deux mois après notre départ du Hâvre. Pour n'élever aucun soupçon, on me laissa faire moi-même mes préparatifs. Passager comme quelques-autres, je n'eus à souffrir que du mal ordinaire dont sont atteints ceux qui voyagent rarement sur mer. Nous fûmes poursuivis pendant une partie du trajet par un brick anglais qui ne put nous rejoindre, parce qu'il nous aperçut trop tard, et que notre navire, quoique destiné seulement au commerce, marchait avec une grande vitesse. Arrivé en Amérique, je montai sur le premier bâtiment qui fit voile pour le sud, et je parvins ainsi, par le moyen de divers petits vaisseaux qui longeaient ces côtes, à entrer dans l'Amazone que nous remontâmes autant qu'il fut possible.

Après avoir bien récompensé le maître du dernier navire qui me conduisit jusque-là par pure
complaisance, je me fis mettre à terre. Armé
d'un tromblon que j'avais acheté en Italie, en
quittant l'armée, de deux pistolets à deux
coups, d'une hache à deux tranchans, d'un
couteau de chasse et d'un poignard, et pourvu
de munitions suffisantes pour repousser toute
agression, je m'abandonnai seul, sans autre
secours que celui de ma boussole, au milieu
des vastes et brûlans déserts de l'Amérique
Méridionale. Si j'avais à craindre la rencontre
des bêtes féroces qui habitaient ces contrées,
j'étais au moins à peu près certain de n'y trouver aucun des seïdes des potentats européens.
Je me recommandai à la Providence et je
marchai devant moi. Je passe sous silence ce
que j'ai souffert pendant plus de trois mois
que j'ai erré le long de ce grand fleuve, on ne
peut s'en faire une idée! Les nuits surtout
étaient terribles ; c'était le moment où les animaux, cherchant leur pâture ou la fraîcheur,
s'approchaient du fleuve et s'y livraient souvent des combats qui finissaient presque tou-

jours par la destruction des combattans, à moins que plusieurs de la même race ne se trouvassent réunis contre un seul adversaire ; dans lequel cas, celui-ci, égorgé, servait de pâture aux vainqueurs.

Ma pensée, dans ces affreux momens, se reportait sur le passé, et je versais des larmes amères ; je me consolais, cependant, en songeant que je n'avais rien fait pour m'attirer tant de disgrâces. Parcourant ces déserts inhabités, me nourrissant des fruits du pays ou des œufs de tortue que je trouvais à chaque pas auprès du fleuve ; couchant la nuit sur des arbres, après avoir déposé partie de mes armes avec ma cuirasse, de manière à les mettre hors de toute atteinte, et où je reposais en sûreté entre le ciel et la terre, et à une hauteur souvent prodigieuse en raison de l'élévation des arbres qui, la plupart sans branches, n'avaient qu'une espèce de couronnement au sommet, je n'avançais que bien lentement. Brûlé le jour par un soleil ardent, la fraîcheur de la nuit me dédommageait à peine des terreurs que m'inspirait la présence d'animaux dont l'espèce

m'était souvent aussi inconnue que le pays.
Enfin, je parvins à un site qui me parut fré-
quenté par des humains, et des traces que je
suivis me conduisirent à une espèce de cahute
dans laquelle je trouvai une femme dont la
laideur et la saleté me firent presque regretter
la rencontre. Son langage était si guttural que
je crus qu'elle allait s'étrangler en hurlant, ce
qui attira deux espèces d'hommes, dont l'un
me parut le père de l'autre. Leur air menaçant
et leurs gestes non équivoques, ne me laissant
aucun doute sur leurs intentions, je me mis
en position de repousser toute attaque de leur
part. Comme je n'étais par d'humeur, à dix-
neuf ans, de me laisser assommer sans me dé-
fendre, je leur fis signe de se tenir éloignés.
Sans les perdre de vue, je traçai une ligne sur
la terre avec la lame de mon coutelas, et je
cherchai à leur faire comprendre que s'ils la
dépassaient, je les exterminerais. Ces signes
leur en imposèrent un peu. Ils se consultèrent
tous les trois, et il paraît que le résultat de leur
colloque fut apparemment qu'il fallait m'expédier, car je les vis s'avancer en bondissant;

tourner autour de moi, leur masse en arrêt pour me surprendre. Convaincu qu'ils n'avaient nulle intention de me faire quartier, je tirai à bout portant sur le plus jeune qui avait franchi la ligne, et je lui fracassai la cuisse ; il tomba. Le vieux et la vieille qui n'étaient sans doute pas habitués à voir expédier un homme aussi facilement et presque sans mouvement, en comparaison de leurs gambades, se retirèrent à une distance respectueuse pour me considérer à leur aise et chercher, avant de recommencer le combat, le côté par où ils pourraient m'attaquer sans rencontrer le tube qui rendait la lutte si inégale entre nous. Le vieux me décocha une flèche qui frappa contre ma cuirasse, qu'il ne pouvait voir, parcequ'elle était cachée sous mon gilet, sur ma chemise (Elle était de fil de fer). Voyant son dard tomber, sans apercevoir aucune trace de sang, il fit une grimace épouvantable et se mit à hurler, ainsi que la vieille et le blessé, de manière à réveiller des morts. Je ne savais trop que penser ; cherchant un asile et des humains, je n'avais d'abord rencontré que des bêtes féroces, et les premières figures d'hommes qui s'offraient à ma vue, étaient des ennemis! Les cris de ces enragés me firent présumer qu'ils appelaient du secours ; et, dès-lors, il était imprudent, sinon dangereux d'attendre plus long-temps ; car, dans le premier moment d'indignation, à la vue du blessé , j'aurais pu être sacrifié à leur vengeance, si terrible dans ces contrées. Il fallait, en outre, empêcher qu'ils ne courussent chercher du renfort, ou ne me suivissent si je m'éloignais. Mon parti fut bientôt pris; je m'approchai du blessé, comme pour l'expédier avec ma hache; et, suivant ce que j'avais prévu, ils s'avancèrent pour s'y opposer; je saisis cet instant, et, d'un coup de pistolet j'étendis le vieux aux pieds de son camarade. Je m'élançai de suite sur la vieille , avant qu'elle eut eu le temps de revenir de sa stupeur , et l'ayant fortement attrapée par le cou, je le lui serrai tellement qu'elle perdit connaissance. Après les avoir mis ainsi hors d'état de me nuire, je me hatai de changer de direction et m'acheminai vers le nord.

CHAPITRE XII.

Après quelques jours de marche, je découvris d'autres vestiges d'habitation ; et, au moment où je m'y attendais le moins, je me trouvai environné d'une grande quantité de sauvages qui, formant un cercle autour de moi, m'adressaient des questions auxquelles il m'était impossible de répondre, puisque je ne comprenais pas leur langage. Pendant ce temps, les plus âgés, à ce qu'il me sembla, tenaient conseil sur cet événement qui devait en effet leur paraître extraordinaire. On ne m'avait pas trop approché ; on connaissait l'usage de mes armes ; seulement, des femmes avaient déposé à quelques pas de moi des fruits que je pris et qu'elles me virent manger, ce qui parut leur faire plaisir. Le conseil fini, un des sauvages s'approchant de moi, me demanda en hollandais qui j'étais, d'où je venais,

6

ce que je voulais et pourquoi je me trouvais
en ces lieux. Peu familiarisé avec un langage
qu'il prononçait mal, je répondis en allemand
que j'étais français ; qu'ayant abandonné mon
pays pour me soustraire aux persécutions de
de mes ennemis, je n'avais trouvé d'autre
moyen que de me retirer au milieu des hordes
bienfaisantes qui habitaient ces contrées loin-
taines, persuadé qu'elles ne me refuseraient
pas une protection à laquelle tout opprimé à
droit. Qu'ayant suivi la carrière des armes, mon
expérience et quelque peu de courage pourraient peut-être leur être utiles, et que je les em-
ploirais volontiers pour leur bien-être ou leur
sûreté, en échange de l'hospitalité et de l'asile
que je réclamais de leur bienveillance et de
leur générosité. L'envoyé parut satisfait de
ma réponse, et l'ayant communiquée à l'assemblée, ils poussèrent tous des cris, ou plutôt
des hurlemens en signe de joie et d'adhésion
et dès ce moment il fut décidé que je serais
admis au nombre des guerriers. Sur l'invitation de l'envoyé, je déposai mes armes, moins
ma cuirasse, et on me conduisit dans une

habitation où, sous une bonne garde , je passai tranquillement la nuit.

Tout étonné d'avoir trouvé parmi ces sauvages un homme qui , quoique de la même couleur , ne me paraissait nullement de la même race , je me perdais en conjectures à ce sujet. La distance énorme qui existait entre cette région et les comptoirs européens ajoutait encore à mon incertitude; son langage levait cependant mes doutes, à moins que, prisonnier chez les Hollandais, il n'en eût appris l'idiôme, ce qui ne me paraissait pas impossible, quoiqu'il le prononçât très mal ; puis, un G..... fortement articulé , expression qui n'échappe jamais à un homme bien élevé , achevait de me convaincre. J'étais curieux de savoir s'il m'avait compris et je désirais lui faire quelques questions. La colonie hollandaise de la Guyanne , étant située dans l'Amérique Méridionale', il se pouvait qu'il en fût sorti ou qu'il l'eût désertée.

Le lendemain , grand conseil des anciens à mon sujet. Le résultat fut que je serais admis à faire provisoirement partie de la horde, sous la surveillance de quatre d'entre eux qui furent chargés de m'escorter partout et de ne me pas perdre de vue. Cette décision me fut signifiée par le Hollandais et je m'y soumis sans observations ; elles eussent été, d'ailleurs, absolument inutiles. Ma surprise de rencontrer un demi-européen au milieu de ces déserts était grande ; et sa position, qui me parut être influente, ne contribuait pas à diminuer mon étonnement. Comment s'y trouvait-il ? c'est ce que je voulais savoir et je le lui demandai aussitôt que je le revis. Il ne comprit presque pas ce que je lui disais ; mais il parvint à me faire connaître qu'il me donnerait tous les éclaircissemens possibles aussitôt que je me serais familiarisé avec l'idiôme du pays, qu'il se chargeait de m'apprendre en peu de temps. Mon premier soin fut donc d'étudier avec attention les mœurs et les habitudes de ces sauvages, et bientôt leur langage me devint familier. Ce fut alors que pouvant me faire entendre de chacun d'eux, j'usai largement de cette faculté. Je racontai d'abord aux anciens comment j'avais été accueilli chez leurs voi-

sins ; ils en furent tous stupéfaits et me dirent
que j'avais agi avec bien de la prudence en
m'éloignant ; que j'étais tombé précisément au
milieu de la peuplade la plus féroce de toutes
les Amériques, et que j'étais très-heureux d'a-
voir pu lui échapper. Que, d'après ce que je
disais, il était présumable qu'on me cherche-
rait jusque chez eux, et ce, avec d'autant plus
de raison qu'il paraissait, d'après mon récit,
que j'avais tué les servans de leurs prêtres,
crime irrémissible et qu'on punit toujours du
dernier supplice. Que néanmoins je pouvais
être tranquille, que les assaillans seraient reçus à coup de *Boutoux*. (Casses-tête.) Je fis
connaître au conseil l'intention où j'étais de
combattre cette race ennemie dès qu'elle se
permettrait d'attaquer notre horde ; je demandai la permission de marcher avec les guerrier ; j'insistai pour qu'on ne me laissât pas avec
les vieillards et les femmes, tandis qu'on se
battrait à cause de moi ; déclarant que je me
sentais le courage d'imiter leurs actions. Le
Conseil, satisfait de mes réflexions, me dit qu'il
aviserait.

CHAPITRE XIII.

L'occasion s'étant enfin présentée de faire quelques questions au sauvage qui m'avait parlé hollandais, je la saisis, et voici ce qu'il me répondit : « Je suis né à Amsterdam, j'ai » 52 ans. Envoyé en garnison à la Guyanne, » j'ai été forcé de déserter pour me soustraire » à une punition barbare que voulait me faire » infliger un chef inhumain et injuste pour une » légère faute de discipline; comme il me me- » naçait de son épée, je lui enfonçai ma bayon- » nette dans le flanc, et il tomba raide mort. Il » n'y avait plus moyen de demeurer dans la co- » lonie; je désertai et me trouvai au milieu des » nègres marrons, qui me reçurent et me con- » seillèrent de m'éloigner le plus que je pour- » rais. Vous dire ce que j'ai eu à souffrir pen- » dant plus de huit mois que j'ai erré dans ce » maudit pays, serait impossible; vous en ju-

» gerez, cependant, par le peu que vous avez
» vous-même éprouvé. J'arrivai parmi ces bons
» sauvages, au moment où ils étaient en guerre
» avec la horde que vous avez rencontrée; nous
» n'habitions pas encore ici. C'était un jour de
» combat; je me rangeai, machinalement, du
» côté de ceux qui se trouvaient le plus près
» de moi; ce spectacle, tout nouveau, m'eut
» amusé dans toute autre circonstance, car ils
» s'assommaient à l'envi. J'avais mon fusil, ma
» giberne pleine de cartouches et mon sabre.
» Je tirai plusieurs coups qui étendirent autant
» d'ennemis qui, se voyant attaqués par un ad-
» versaire si redoutable et dont ils n'appré-
» ciaient pas d'abord la force, commencèrent
» à plier et nous en fîmes un carnage horrible.
» Dès ce moment je fus adopté par la horde
» victorieuse. On me donna la femme d'un
» guerrier qui avait été tué, et depuis ce temps
» j'ai toujours habité parmi eux. Il y a bien
» vingt-cinq ans, au moins, que j'ai quitté la
» Guyanne. A la mort du Cacique qui comman-
» dait la horde, je fus élu, sans passer par
» les épreuves, parce que j'avais tué plus d'en-

» nemis que ne comportait la règle ordinaire ;
» et je vis ici en attendant le moment heureux
» où je pourrai revoir ma patrie, à laquelle je
» ne renoncerai jamais, quoique j'aie peu d'es-
» poir à cet égard. La horde, au milieu de la-
» quelle vous êtes tombé avant d'arriver parmi
» nous, est antropophage ; elle rôtit et mange
» amis et ennemis ; on la nomme les *Arouas*.
» C'est bien la plus cruelle de toutes les peu-
» plades. Amie intime des *Galibis* et des
» *Illinois* ; ces trois hordes réunies nous atta-
» quent souvent ; mais toujours écrasées, elles
» ont fini par nous laisser en repos. Très-heu-
» reusement elles n'augmentent guère en nom-
» bre, parce que le *Grand Hyrouca* envoie le
» *Tetanos* à presque tous leurs enfans qui meu-
» rent en bas âge ; autrement elles auraient
» déjà détruit leurs voisins. Il y a bien trois
» ans que nous n'en entendons plus parler ;
» cependant nous pourrions les voir bientôt,
» surtout si elles apprennent que nous vous
» avons adopté ; elles voudront venger la mort
» de leurs guerriers. Ce qui me surprend, c'est
» que vous ayiez pu leur échapper. Les sauvages

» sont bien autrement actifs que les Européens,
» quand ils sont poussés par la jalousie ou la
» soif de la vengeance ; c'est incroyable, et
» vous en aurez bientôt des preuves qui vous
» étonneront. Notre horde se nomme les *Ma-*
» *melucks ;* non moins vindicatifs, ils sont bien
» moins cruels. Jamais ils n'attaquent nn hom-
» me sans défense, pas même un ennemi.
» Généreux et hospitaliers, ils sont toujours
» disposés à soulager l'infortuné, quelque part
» qu'ils le rencontrent. Vous connaissez pres-
» que maintenant tous nos usages, nos mœurs
» notre religion. Avant de nous juger, exami-
» nez avec attention. Je prendrai quelque fois
» la liberté de vous donner des avis, et croyez
» que, quoique je prévoie déjà l'ascendant que
» vous allez prendre sur nos anciens, je n'en
» serai point jaloux ; vous me verrez, au con-
» traire le premier à vous seconder. Soyez pru-
» dent, surtout avec les prêtres ; votre ton
» moqueur paraît leur déplaire, et ils ne plai-
» santent pas sur l'article de leurs croyances.
« Défiez-vous-en, et comptez que vous avez en
» moi un ami sincère et dévoué et qui vous en

» donnera des preuves toutes les fois que l'occa-
»sion se présentera. »

Charmé du bon sens de cet homme, je l'em-
brassai cordialement, le remerciai de ses conseils et de ses offres obligeantes, et l'assurai
que je suivrais ponctuellement ses instructions,
dont la sagesse me paraissait incontestable; on
le reconnut dès-lors pour mon *atom - assap*
(*parfait allié*). Il m'offrit de me présenter à sa
femme et j'acceptai, car je ne l'avais pas encore vue; il n'en avait qu'une, et j'ai toujours
pensé que c'était assez. Elle m'accueillit avec
un gracieux sourire; elle était grande, bien faite,
nue jusqu'à la ceinture, elle laissait voir ses
mamelles alongées, suivant l'usage de ces contrées: un tablier blanc (*couillou*) lui couvrait
seulement les parties naturelles; un bonnet de
plumes de diverses couleurs ornait sa tête; son
teint était rougeâtre, comme celui des autres
mamelucks; ses traits avaient de la régularité.
Elle me parut âgée de trente à trente-cinq ans,
elle avait trois enfans, deux garçons et une
fille, de l'âge de quinze, quatorze et douze ans.
« Sois le bienvenu parmi nous, dit-elle, je

« t'aime, parce que tu es l'ami de mon mari ;
« dispose de ta servante et tu la trouveras tou-
« jours prête à t'obéir en tout. » Je félicitai,
sincérement le Hollandais du cadeau qu'on lui
avait fait, et, sur l'observation qu'il me fit qu'il
espérait que bientôt j'en prendrais une aussi,
je lui répondis : que le bonheur conjugal n'é-
tait pas fait pour moi ; que destiné à souffrir
et à languir, j'attendrais, avec résignation, le
moment de rejoindre les vertueux auteurs de
mes jours, immolés à la rage des bourreaux de
ma malheureuse patrie.

CHAPITRE XIV.

Comme on l'avait prévu, les *Arouas* envoyè-
rent une députation pour demander vengeance
de l'assassinat de deux guerriers et d'une femme, attachés au service de leurs *Piayes* (prêtres). J'en fus prévenu, sur-le-champ, par
Wan-den-howen (nom du Hollandais), qui me
dit que les anciens tenaient conseil à ce sujet.
Un instant après, je fus appelé moi-même, et
l'assemblée, après m'avoir fait connaître les
motifs de la demande des députés, m'invita,
sur les observations de mon *atom-assap*, à
raconter, en présence de ces derniers, comment les choses s'étaient passées. Je fis ce récit
et je prouvai que je n'avais fait que repousser
une injuste agression ; que je me présentai plutôt en suppliant, et que ma position était loin
d'être menaçante ; que les assaillans, au lieu
de m'accorder l'hospitalité, qu'on ne doit ja-

mais refuser à l'étranger pacifique, se mirent en position de m'assommer à coups de *boutoux*; que, voyant ma vie en danger, j'avais commencé par me débarrasser de celui qui, le premier, franchit la ligne tracée, en me contentant de le mettre seulement hors de combat, tandis que je pouvais facilement envoyer son âme au *Grand Hyrouca*; que je n'avais commis aucun crime; que je me trouvais dans le cas d'une légitime défense, et que la mort des deux autres était la suite de leur attaque. Comme j'affirmai ma déclaration par serment, on la jugea sincère, et le résultat fut la guerre entre les *Arouas*, les *Itannarès* et les *Galibis*, leurs alliés, contre les *Mamelucks*, qui acceptèrent le défi. On ne connaissait pas, parmi ces derniers, les systêmes ingénieux de non-intervention; de non consentement; de paix à tous prix, et autres gentilles subtilités de certains hommes, soi-disant civilisés, de l'Europe de 1831. Les sauvages ont de l'honneur, et ils eussent préféré la mort à une lâcheté. Si on nous attaque, s'écrient les ministres du fils de Philippe-Joseph, nous nous défendrons; mais point de propagande, et périssent tous les peuples qui veulent le gouvernement de capacité, de loyauté et à bon marché. Chez les Mamelucks, au contraire, on meurt et on ne se déshonore pas.

Après le départ des envoyés, on tint un grand conseil, et il fut résolu qu'on n'attendrait pas que les ennemis vinssent nous attaquer chez nous; mais que nous prendrions une position avantageuse à quelque distance de leurs habitations. Les *Karbets,* (cabanes) furent défaits et nous plaçâmes les vieillards et les enfans de manière à ce qu'on ne pût parvenir à eux qu'après nous avoir tous exterminés. Sur la proposition que je fis de guerroyer à l'européenne, *Wan-den-howen* m'observa que depuis qu'il se trouvait dans la horde, il avait déjà donné une idée de cette méthode; que manquant de fusils et surtout de cartouches, il n'était guères possible de la suivre; qu'il était néanmoins parvenu à faire opérer quelques évolutions dont la rapidité de l'exécution avait été très avantageuse dans plusieurs combats. Je répliquai : qu'il ne s'agissait pas seulement de vaincre, que l'essentiel était de détruire ces

cannibales sans éprouver nous-mêmes beaucoup de pertes; que, si on voulait me charger
de la direction de cette guerre, je croyais pouvoir assurer que nous en sortirions vainqueurs;
que je n'y mettais d'autre condition que celle
de ne pas torturer les prisonniers et encore
moins de les manger, comme on avait toujours fait; que ce spectacle auquel il était impossible de m'habituer jamais, me forcerait à
rester oisif ou à me retirer.

Depuis que j'étais parmi les *Mamelucks*,
j'avais essayé de leur enseigner les évolutions
européennes et ils s'en acquittaient passable-
ment. La manière dont les sauvages font la
guerre est tout-à-fait inconnue en Europe; ils
ignorent également notre tactique et le peu
qu'ils savaient, ils l'avaient appris de *Chika*,
(*Charles Wan-den-howen*) et bien profité de
ses leçons. Les indiens de l'Amérique méridionale ont beaucoup plus d'intelligence qu'on
ne croit et j'en ai eu des exemples frappans.
On ne sera donc pas surpris lorsqu'on saura
qu'au bout de vingt jours tous nos guerriers
marchaient au pas et exécutaient des manœu-

vres européennes avec une précision vraiment incompréhensible. Ils sentaient déjà tous les avantages de cette méthode, et je n'eus qu'à achever l'ouvrage de *Chika,* qui ne cessait de leur faire entendre que s'ils suivaient ponctuellement mes avis , nous vaincrions sans peine.

Le conseil de la nation s'étant réuni de nouveau pour aviser aux moyens de terminer promptement et avantageusement cette guerre , il fut décidé qu'on me confierait, avec le titre de cacique, sans épreuves, le commandement de tous les tacticiens , et on nomma *Chika* mon premier lieutenant. On s'engagea à renvoyer les femmes des prisonniers, àgarder les mâles et on me promit , qu'à moins d'un cas extraordinaire, on n'en supplicierait aucun. Mon premier soin fut de faire porter notre camp sur le territoire ennemi et d'y choisir un lieu propice pour l'attirer. Je fis approcher nos guerriers, le plus qu'il me fut possible des habitations des *Arouas,* afin de les tenir continuellement en échec , dans la crainte de les voir incendier. Nous étions tout au plus à une demi-lieue de leur principale résidence, quand nous apperçûmes les trois hordes s'avançant bravement pour nous combattre. J'avais placé nos guerriers sur une petite éminence. J'en fis trois carrés , les uns dans les autres. Chaque ligne de bataille était de cinq rangs dans le premier carré , de quatre dans le second et de trois dans le dernier. J'avais mes raisons pour les disposer ainsi et j'étais bien certain qu'à moins d'une déroute complète, nous ne pouvions être enfoncés. Le premier carré devait seul supporter tous les efforts des ennemis , les deux autres étaient destinés à le soutenir , à remplacer immédiatement les morts, et à tomber sur l'ennemi dès qu'il nous aurait attaqués corps-à-corps sur les trois côtés découverts et accessibles. Notre réserve fut formée du reste de l'armée, qui était sous les ordres du cacique *Attika*, et dont l'occupation devait être de harceler l'ennemi et de se retirer derrière nos carrés dès que le moment serait favorable. J'avais détaillé mon plan de campagne, tous nos chefs le connaissaient et *Chika* devait l'exécuter, dans le cas où j'aurais succombé dans le combat. Si j'avais eu affaire à des européens, je me serais bien gardé de disposer ainsi mon corps d'armée, l'artillerie y eut fait trop de ravages; mais je connaissais à peu près la méthode des sauvages; je savais ce qu'on pouvait hasarder et il n'était pas besoin de faire de grands frais de génie ponr se conduire en conséquence.

Nous n'avions que peu de fusils, et encore nul, excepté moi, *Chika* et deux autres, ne savait s'en servir. La poudre était des plus mauvaises, parce qu'on n'en avait eu aucun soin ; elle venait des Anglais, à qui elle fut enlevée, ainsi que les fusils, les sabres et les lances, à bord d'un petit bâtiment qui fit naufrage quelques années auparavant, et dans lequel on trouva armes, poudre, plomb et autres objets qu'on avait détruits ou mangés. Je n'ai jamais pu savoir ce qu'était devenu l'équipage. J'avais en ma possession environ cinq livres de poudre fine à chasser, quelques balles et le moule pour celles des pistolets. Il fallut se contenter de partager ma poudre, dont je gardai néanmoins plus de la moitié, parce que je voulais faire usage de mon tromblon qui, tiré à peu de distan-

ce, pouvait renverser de quinze à vingt hommes
à la fois. Les sabres et les lances furent distri-
bués aux Indiens opposés aux Arouas. Enfin,
je mis en usage toutes les ressources que je
pouvais tirer de nos armes et de la tactique
européenne. La veille du combat, j'envoyai le
cacique *Nika*, avec cinq cents hommes, faire
une reconnaissance jusque dans la résidence
même, s'il pouvait y pénétrer. Je lui enjoignis
de ne se montrer qu'au moment où il en recevrait l'ordre de ma part, et de se jeter alors sur
les habitations ; je lui recommandai, surtout,
de ne pas paraître, ni avancer, avant d'en avoir
reçu l'autorisation positive. Je me mis en face
du plus gros bataillon arouas, au milieu du
premier rang du carré, et j'attendis avec confiance le moment du combat.

CHAPITRE XV.

Le soleil se levait à peine, lorsque l'ennemi marcha fièrement à nous. Cuirassé et couvert de mes ames, je pouvais observer tous les mouvemens des *Arouas*; *Chika* et les autres chefs me rendaient compte de ce qui se passait sur les trois côtés du grand carré. Les flèches et les javelots éclaircissaient les rangs; nos ennemis poussaient des cris épouvantables, nous ne disions pas un mot.

Les alliés, pour nous envelopper, avaient été forcés de ne former qu'une seule ligne de bataille, et, quoiqu'ils fussent plus nombreux, ils pouvaient être aisément coupés et enfoncés. Après les flèches, on se servit des *boutoux* et des épées; et, pour cette opération, il fallait nécessairement s'approcher. C'est précisément ce moment que j'attendais. J'expédiai l'ordre à la colonne détachée de se porter d'abord sur les habitations ennemies, d'y répandre la terreur, en y mettant le feu. *Chika* me rejoignit et nous fîmes une décharge qui produisit un effet terrible. Plus de trente *Arouas* restèrent sur le carreau. Nous continuâmes cette manœuvre autant que l'espace le permit, après quoi nous nous servîmes des *boutoux* et moi de ma hache. Voyant toutes les forces ennemies aux prises avec les trois côtés abordables du grand carré, je fis ouvrir le côté qui ne pouvait être attaqué, et, à un signal convenu, les deux carrés intérieurs se mirent en ligne et exécutèrent cette manœuvre avec une telle rapidité et une telle précision que l'ennemi, enveloppé de toutes parts, n'eut pas le temps de se dégager; il ne le pouvait plus; sa ligne de bataille, aux prises avec les trois côtés du grand carré, ne pouvait se retirer sans être suivie par ces côtés qui, tombant sur elle du haut en bas et forts de deux rangs de plus, l'écrasait infailliblement dans sa retraite. Alors le carnage devint horrible. L'ennemi se battit en désespéré; c'est dans ce moment que je fus blessé à la tête d'un coup de *boutou*, pendant que je ramassais ma hache qui était tombée. Je fus étourdi, et sans mon *atom-assap*, c'était fait de moi. Il me fit transporter derrière et le combat ne fut pas interrompu. Mes camarades, me croyant mort, s'élancèrent sur les *Arouas* avec tant d'impétuosité qu'il leur fut impossible de résister au choc. Ce ne fut plus qu'une boucherie. On égorgeait sans pitié ceux qui ne pouvaient plus se battre, comme ceux qui résistaient; et les cris du détachement qui revenait chargé de butin, ayant achevé de leur faire perdre la tête, on en fit un massacre affreux. Plus de trois mille restèrent sur le champ de bataille. Les *Arouas* furent presque tous exterminés. Les *Itaunarès* et les *Galibis* parvinrent à se dégager, et il s'en échappa une grande partie, ce qui ne serait pas arrivé si ma réserve, en se mettant en ligne, avait occupé assez vite tout le terrain qui se trouvait derrière l'ennemi. On poursuivit les fuyards pendant plus de six heures; on arriva jusque dans l'endroit où ils avaient caché leurs trésors, leurs vieillards et les femmes. On mit le feu partout, et on emmena les vieillards, les femmes et les enfans qui n'avaient pu se sauver. Le jour suivant, il n'y avait plus de vestiges d'habitations ni d'ennemis.

Revenu de mon étourdissement, je m'informai du résultat de la bataille ; ce fut alors que j'appris ce qui s'était passé après ma blessure. Cette affaire me gagna entièrement l'amitié de la nation, et la confiance des anciens n'eut plus de bornes. J'avais si bien été secondé par *Chika* qui s'était emparé de ma hache, et les autres chefs ; chacun s'était tellement identifié avec son rôle, que ma blessure n'influa en rien sur les résultats de la bataille. Nous rentrâmes dans nos quartiers, et pendant plus de huit jours ce ne furent que fêtes et félicitations. On fit le partage du butin. Les *Itaunarès* et les *Galibis* furent tous renvoyés avec leurs vieillards, leurs femmes et leurs enfans. On ne garda que les plus jolies veuves qui voulurent bien s'allier aux jeunes guerriers qui s'étaient le plus distingués. Tous avaient fait leur devoir. J'eus une grande peine à empêcher l'exécution de tous les prisonniers *Arouas,* d'autant plus que j'avais été blessé par l'un d'eux, et que nous avions une autre raison de leur en vouloir; car, ce n'est qu'en trompant leurs alliés qu'ils les avaient portés à s'unir contre nous. On se rappelle qu'ils demandaient vengeance de deux de leurs guerriers et d'une femme assassinés par moi, et que ce fut le refus de me livrer à eux qui les porta à nous déclarer la guerre. Les *Itaunarès* et les *Galibis* crurent d'abord , comme nous, à la mort de ces trois sauvages : qu'on juge de notre étonnement, lorsque nous fumes informés que, non seulement je n'avais tué personne, mais encore que j'avais été blessé par le guerrier même à qui j'avais cassé la cuisse d'un coup de pistolet, et que les deux autres étaient parmi nos prisonniers! Je conviens que l'artifice était infâme et que les *Arouas,* seuls auteurs de cette guerre et par-conséquent de la perte de tant de guerriers, et des désastres qui s'en étaient suivis, méritaient un châtiment exemplaire. Quoique j'eusse la conscieuce en repos relativement à ces trois prétendus assassinats, je fus tellement satisfait d'apprendre que les morts étaient vi-

vans, que cette circonstance me fit redoubler
d'efforts pour obtenir leur renvoi sans condition. J'eus la douleur de voir mes sollicitations
inutiles, quant au plus jeune, qui fut, malgré
ma courageuse opposition et mes prières, condamné à être traité en prisonnier ennemi. Le
père et la mère furent relâchés. Combien je
regrettai alors de n'être pas revêtu de la suprême puissance! avec quels délices j'en aurais
fait usage en faveur d'un infortuné dont le
courage méritait un meilleur sort, et qui était
victime de l'astuce des *Piayes* de sa nation!
On objectait qu'il m'avait blessé et que justice devait être faite. Si on adoptait une telle
exception, ai-je répliqué, il n'y aurait plus de
société possible. Celui qui en tue un autre, en
bataille, ne fait que ce que le mort aurait pu
faire : tant pis pour le plus faible ou le moins
brave. Si j'ai été blessé, c'est ma faute ; il a
profité du moment favorable et il a bien agi :
lui en faire un crime, à cette heure, est une
injustice des plus criantes, et sa mort doit être
un acte révoltant pour des guerriers. Au reste,
qui a droit de se plaindre de ma blessure,

puisque je ne le fais pas moi-même ? Parce
qu'il a été plus heureux que moi, vous l'en pu-
nissez? Je ne reconnais pas là l'esprit d'é-
quité qui préside ordinairement aux délibé-
rations de nos anciens. Ils écoutèrent mes
raisons et n'en persévérèrent pas moins dans
leur résolution. Je vais donner une descri-
ption du supplice terrible qu'on lui fit subir. Il fut accompagné de tant de circonstances
de barbarie, que l'idée seule m'en fait encore
frémir.

Ils commencèrent par brûler aux prisonniers
l'etrémité des pieds et des mains, en montant,
peu à peu, vers le tronc. L'un lui arracha un
ongle, l'autre lui décharna les doigts avec les
dents ; un autre coupa ce doigt décharné, le
mit dans sa pipe bien allumée, le fuma en guise
de tabac, et le fit fumer au prisonnier lui-
même. Ainsi, successivement, on lui arracha
tous les ongles ; on brisa les os de ses doigts
entre deux pierres, on les lui coupa dans toutes
les jointures. On lui passa plusieurs fois et dans
un même endroit, des tisons ardens, ou des
fers embrasés, jusqu'à ce qu'ils fussent amortis

dans le sang qui coulait de ses plaies. On coupa, morceau par morceau, les chairs rôties, et quelques-uns de ces furieux les dévorèrent, tandis que d'autres se barbouillaient le visage de son sang. Lorsque les nerfs furent décou- verts, on y inséra des fers pour les tordre. On lui scia les bras et les jambes, avec des espèces de cordes qu'on tirait avec une extrême vio- lence. Ce n'était cependant là qu'un prélude; car, après avoir passé cinq à six heures de temps à ce cruel exercice, on délia le prison- nier pour le laisser en repos, et on remit le reste du supplice à une autre séance. Le lende- main, malgré ma vive opposition, on recom- mença : on lui brûla lentement toutes les par- ties du corps, en sorte qu'il n'y eut pas une place sans plaie; et, après lui avoir arraché la peau de la tête et versé sur le crâne découvert une pluie d'eau bouillante, ils le roulèrent dans les brasiers, jusqu'à ce qu'il eût rendu le dernier soupir. Ils dépecèrent ensuite le ca- davre, le mirent dans la chaudière, et le dé- vorèrent tout entier, avec une avidité extrême et sans la moindre répugnance. Qui pourrait

croire que la victime chantait et dansait lorsqu'elle aperçut les apprêts de son supplice ;
qu'elle chantait au milieu des tourmens les
plus cruels, et qu'à l'exemple de tous les sauvages, elle se fit un point d'honneur, un devoir, de paraître calme, de se rire de la rage
de ses ennemis, et de n'offrir des signes exté-
rieurs de douleur, que la pâleur et les mouvemens convulsifs ! Sans l'horreur que m'inspirait
cette barbare cérémonie, on l'eut fait durer plusieurs jours.

CHAPITRE XVI.

Il serait trop long de détailler ici tous les combats que nous eûmes à soutenir pendant plus de six ans que j'ai résidé parmi les *Mamelucks*; je ne parlerai ni de leurs mœurs ni de leurs usages. Les diverses relations des voyageurs, auxquelles je renvoie le lecteur, suffiront pour l'éclairer à ce sujet. La bisarrerie de quelques-unes de leurs coutumes est telle, qu'elle trouvera peu de personnes disposées à y croire.

La couleur de la peau des *Mamelucks* est rougeâtre. Ils ont tous les cheveux longs. Là, les femmes accouchent sans douleur; au moment de l'enfantement, le mari est malade pour sa femme, et celle-ci lui prodigue les soins qui lui seraient dus. Le mari se met au lit quand sa femme accouche; il fait les contorsions pour elles, observe tous les jeûnes d'une femme en couche, se fait servir dans son hamac ; pendant ce temps, la pauvre malade est obligée d'aller à la chasse, à la pêche, de faire la cuisine ; de s'approcher du lit de son maître pour allaiter son enfant ; puis de le servir debout et en posture de suppliante pour manger les restes qu'il veut bien lui donner. Comme j'en témoignais souvent toute mon indignation, *Chika* me dit : « Je partage » vos sentimens. Ici, on tyrannise un sexe à « qui nous devons les vertus sociales, le charme « et le bonheur de la vie ; mais l'habitude fait « tout. En France, les femmes commandent ; « dans ces contrées, elles sont esclaves et con- « damnées à nourrir les hommes qui ne font « rien et ne profitent de leurs forces que pour « les réduire à la plus dure servitude. Malheur « à celle qui fait deux enfans du même coup ; » elle est accusée par le mari de l'avoir trom- » pé, et toujours elle en est la victime ; aussi, » quand ce cas arrive à quelqu'une, elle étouffe » vîte l'un des deux, ne présente que le survi- » vivant, et elle fait son possible pour sous- » traire l'autre. »

On a beaucoup exagéré les vices des peuples sauvages : on a trop vanté leurs vertus.
On voit, il est vrai, des hordes vraiment barbares, jalouses, cruelles, antropophages; d'autres dont la douceur, la bonté et l'obéissance
désintéressées sont dignes des plus grands élo-
ges. Leurs vices et leurs vertus sont dus à des
circonstances particulières. Les uns doivent
leurs vices à la jalousie, à la paresse, à l'avidité,
comme les *Mosquites*, les *Chirigouanès*, les *En-
cabellados*, et les *Abmaquis*; les autres doivent
leurs vertus à la fécondité du terrain qu'ils habitent, à des lois sages, etc., etc., comme les *Mamelucks*, les *Topinamboux*, les *Zarackis* les *Nat-
chez* et les *Tascalans*. Les hordes venues du mexi-
que, les *Chichimecas*, les *Galibis* et les *Ottomacos*
ont conservé toute la barbarie des anciens mexi-
cains et rien ne peut les changer. Les *Arouas*,
les *Itaunarès*, les *Méchouackins* et les *Illinois*,
sortis des montagnes du Chili, sont et seront
toujours cruels, antropophages et ennemis de
tout le genre humain : leur nombre est bien
diminué, car on leur fait une guerre à mort
depuis 1809, époque où ils égorgèrent impi-

toyablement , pendant la nuit, une partie de la horde des *Maynos,* qui, se fiant sur la foi des traités, traversait leur territoire pour se rendre dans un autre lieu.

Les passions des sauvages , excepté celle de la vengeance , ont , en général, aussi peu d'énergie que leurs craintes et leurs besoins. Les seuls biens qu'ils connaissent dans l'univers , sont la nourriture, une ou plusieurs femmes et le repos; les lieux et les circonstances sont tout chez eux , et l'hymen , sacré dans les régions où ils ne peuvent exister qu'avec peine et où il est très-difficile d'élever une famille, n'est plus qu'un nom dans les contrées plus chaudes et plus fertiles. La facilité de se procurer des subsistances , jointe aux influences du climat ardent, portent souvent les indigènes à augmenter le nombre de leurs femmes. Chez les uns, les liens du mariage ne se rompent que par la mort des époux. Chez les autres, le caprice ou la légèreté n'hésitent pas à en dissoudre les nœuds sous le plus léger prétexte, et souvent même sans assigner aucune cause. La peine et l'humiliation sont presque partout le partage des femmes. Ce sexe faible est méprisé, opprimé, outragé.... Le mariage n'est pas une union formée par l'amour ou la convenance de rang et d'intérêts entre deux époux égaux ; ce n'est qu'une chaîne qui lie l'esclave à son maître. Elles sont livrées à tous les travaux domestiques. Les maris ont à leur gré le droit de vie et de mort sur elles. Assujéties aux occupations les plus viles et les plus pénibles, il est à remarquer qu'elles s'habituent à la dureté de leur état avec une docilité surprenante. Elles sont généralement exclues de toutes les fêtes et de tous les plaisirs ; elles ne sont admises à aucun festin. C'est une faveur de leurs maris de leur en abandonner les restes quand ils sont rassasiés ; ils ne permettent pas qu'elles prennent part aux danses pour lesquelles elles ont le goût le plus décidé, au-dessous, cependant, de celui pour les liqueurs enivrantes ; leur occupation, dans les fêtes, est de préparer la liqueur, de la servir aux hommes, d'avoir soin de leurs maris et de leurs parens, lorsqu'ils commencent à perdre la raison, même de les porter sur leurs épaules, dans les *Karbets*, quand l'ivresse est à son comble. Comme je présume que quelque voyageur aura pénétré dans ces régions et pu voir les peuplades qui les habitent, je m'abstiendrai de donner à leur égard des notes plus étendues. Ce n'est pas une histoire que j'écris, mais simplement le récit de ce qui m'est arrivé personnellement.

Quelques mois après notre premier combat contre les Arouas et leurs alliés, je fus atteint de la fièvre jaune, maladie du pays, que nul étranger ne peut éviter. J'avais eu la précaution de m'abstenir de fruits, presque dès mon arrivée, d'après les conseils de *Chika* ; j'ignorais absolument ce qui se passait entre hommes et femmes, ignorance heureuse dont je ne suis pas encore tiré! Le mal ne fut pas opiniâtre et il céda facilement à quelques mois de repos et de régime. J'en fus quitte pour garder le hamac et ne pas sortir de mon *Karbet*.

CHAPITRE XVII.

Depuis long-temps les souverains du Brésil étaient en paix avec les nations qui confinaient à leurs états, et ils ne pensaient pas à les troubler; mais l'avidité des ministres et la rapacité des gouverneurs des frontières trouvaient toujours les moyens de rendre les traités illusoires; de sorte que les hordes se trouvant continuellement en contact avec les Portugais, les commandans ne cessaient de tendre des pièges à leur bonne-foi pour s'emparer de leurs dépouilles et même de leurs personnes qu'ils ne rougissaient pas d'assujétir aux pénibles travaux des mines, et cela, au nom d'un Dieu bon, miséricordieux, clément, et qui a prêché la paix, la douceur et la charité par le plus sublime des sermons, celui de l'exemple! Des plaintes violentes se faisaient entendre de toutes parts. Lors de la dernière assemblée

générale, ce ne fut qu'un cri contre les turpitudes des Portugais et des Espagnols. On ne
désirait rien moins que leur totale extermina-
tion. Les moyens seuls manquaient. Les succès
qui avaient couronné toutes nos expéditions
depuis qu'on s'était habitué à la tactique européenne, faisaient naître l'espoir de triompher. Un grand conseil, composé de tous les
caciques et anciens des hordes, fut convoqué
à l'effet d'aviser aux mesures à prendre pour
forcer les Portugais à l'exécution franche des
traités, et les faire repentir de leurs continuel-
les agressions. A raison de ma jeunesse, je
donnai mon avis le dernier, et je le fis en ces
termes :

» Depuis que je suis parmi les mamelucks,
» je n'ai qu'à me louer de la généreuse hospi-
» talité qu'ils m'ont accordée. Deux fois je
» leur dois la vie, elle leur appartient de droit.
» Pénétré de tant de bontés, je me suis sincè-
» rement attaché à leur fortune et toujours
» on me trouvera disposé à en suivre les chan-
» ces. Je vois avec une bien vive satisfaction
» les progrès immenses qu'ils ont fait dans

» l'art de la guerre européenne. j'ai apporté
» tous mes soins à les rendre plus forts, et
» plus redoutables. Nos plaintes sont justes et
» la guerre que nous allons entreprendre,
» légitime. Il ne faut néanmoins pas nous le
» dissimuler, elle présente des inconvéniens
» graves. Les européens, protégés par leur for-
» midable artillerie, moissonneront, sans perte
» sensible, presque tous nos guerriers qui,
» nuds et armés seulement de flèches, de jave-
» lots, de massues et de quelques mauvais fu-
» sils, presque tous hors de service, ne pour-
» raient lutter avec avantage. Notre intérêt
» bien entendu consiste à employer la ruse
» contre la force. Il faut nous préparer à
» soutenir des combats moins désavanta-
» geux, et c'est sur notre terrain que nous
» devons attirer l'ennemi. Frustré, par notre
» attitude, de ses espérances de rapine, har-
» celé partout, il se verra forcé de venir nous
» chercher et de s'éloigner de ses magasins
» et de ses forts. Alors nous l'attaquerons de
» front et la nuit. Nous ne ferons plus une
» guerre régulière; nous ne nous mesurerons

» pas individuellement ; nous l'inquiéterons
» sans cesse et nous ne lui laisserons point de
» relâche. Il ne peut envoyer contre nous que
» la vingtième partie du nombre que nous
» pouvons lui opposer , ce qui est déjà un
» grand avantage. Loin de ses renforts, de ses
» munitions, constamment sur le qui vive où
» nos voltigeurs le tiendront ; la faim, la soif,
» l'ardeur du soleil et les maladies insépara-
» bles d'une telle expédition, éclairciront ses
» rangs d'une manière effrayante , et peu nous
» échapperont si nous mettons dans nos opé-
» rations , cet ensemble et cette tenacité qui
» seuls peuvent en assurer la réussite. Notre
» but principal devra d'abord être de nous
» emparer de son artillerie , de ses armes et
» de ses munitions ; une fois maîtres de ces ob-
» jets, dont je me charge de vous apprendre à
» vous servir bien vîte , la lutte sera plus
» égale et nous pourrons dès-lors profiter de
» nos victoires et poursuivre l'ennemi jusques
» dans ses villes.

» En attendant, il faut, au préalable en-
» voyer au chef qui commande dans ce pays,

» une députation composée d'hommes pru-
» dens, à qui nous donnerons des instructions
» positives, et qui agiront suivant les circons-
» tances. Ils s'expliqueront franchement et avec
» l'énergie qui convient à une nation qui a
» droit de demander compte des injustices
» dont elle est depuis trop longtemps victime.
» Si nous n'obtenons pas le redressement des
» nombreux griefs dont nous avons à nous
» plaindre, nous serons alors dans notre droit
» et nous nous conduirons en conséquence.

» Le sang des hommes est trop précieux
» pour le prodiguer légèrement. N'imitons
» pas les potentats européens qui, pour un ca-
» price ou une maîtresse, font inconsidéré-
» ment égorger des milliers de leurs sujets. Ces
» princes ne font pas comme nous, nous nous
» battons corps-à-corps, nos chefs en tête,
» contre un et souvent plusieurs ennemis. Eux,
» au contraire, ne sortent presque jamais de
» leurs palais somptueux; ils n'en quittent que
» rarement les lambris dorés. La guerre se fait
» ordinairement loin d'eux et de leur rési-
» dence. Leurs lieutenans, nommés pour la

» plupart , sur l'indication d'une effrontée
» concubine , vainqueurs ou vaincus, ne font
» aucun cas de la vie des hommes ; ils dévas-
» tent les pays qu'ils traversent ; et les peuples
» sont toujours victimes de ce fleau destruc-
» teur que le génie du mal ou du vice pro-
» mène capricieusement du nord au midi, et
» qui ne s'arrête souvent que faute d'aliment
» ou par suite de lassitude.

» C'est ainsi que l'*Inca* du Brésil en agira
» envers nous. Tranquille au milieu de ses cour-
» tisans, présent funeste de la colère de *Luna*, il
» apprendra avec insensibilité les succès ou les
» revers de ses armées, et il ne commencera à
» s'émouvoir que lorsqu'on lui annoncera ,
» qu'après avoir dissipé ses troupes, nous mar-
» chons sur sa capitale. Alors, à l'exemple des
» autres rois de l'Europe , il abandonnera ses
» états et laissera ses peuples devenir ce qu'ils
» pourront. Telle est et sera toujours la con-
» duite des princes européens ; ils sont élevés
» ainsi, et il est impossible de changer leur na-
» ture. Etrangers à tout sentiment d'affection ,
» ils ne font cas des hommes qu'autant qu'ils

» peuvent servir à leurs plaisirs ou à leur in-
» térêt. N'aimant personne ils croient ne pou-
» voir être aimés ; que les respects et les fla-
» gorneries qu'on ne cesse de leur prodiguer,
» leurs sont dûs, et qu'on ne s'attache à eux
» que par l'espoir des grâces et des faveurs
» qu'on en attend.

» Méfians et soupçonneux, ils craignent tous
» les hommes ; et pour en corrompre une par-
» tie, ils prodiguent les honneurs, les hochets
» et l'or, cette sueur du peuple, qui est pres-
» que toujours employée contre lui... Nos
» chefs n'ont sur nous d'autre empire que ce-
» lui que leur donnent leurs vertus, leur cou-
» rage et leur prudence, uniques causes de
» leur élévation et de notre obéissance volon-
» taire. Ici, le fils idiot ne succède point à un
» père élevé par son seul mérite. Voilà la rai-
» son de l'union et de l'harmonie qui règnent
» dans ces contrées. Soumis aux lois comme les
» autres guerriers, nos chefs se garderaient
» bien de donner les premiers l'exemple dé-
» plorable d'une infraction quelconque. Ils ne
» le feraient pas impunément. Premiers au

» combat, ils ne se retirent que les derniers,
» et si, sur les champs de bataille, comme
» dans les conseils, nous nous soumettons do-
» cilement à leurs décisions, ils ne doivent
» cette déférence qu'au prestige qui environne
» leur sagesse et leurs exploits. S'ils nous ai-
» ment, ils jouissent d'une juste réciprocité et
» ils comptent sur nous à la vie et à la mort.

CHAPITRE XVIII.

Aprés une assez longue délibération, il fut décidé qu'on s'occuperait d'abord du choix des hommes à envoyer au brésil; on pensa que cette opération ne devait pas être précipitée; que son importance était grande et qu'il fallait qu'elle fut aussi bien conduite que le motif en était urgent. Les conseils se succédèrent. A la fin, on s'arrêta au plan simple et raisonnable de me proposer de me mettre à la tête de la députation, dans la persuasion où on était que, connaissant mieux le caractère et les habitudes des Européens, je pourrais tirer un meilleur parti de ma position. On agita ensuite longuement la question de savoir si on devait, avant de me laisser partir, exiger de moi le serment de revenir avec les autres envoyés; mais sur l'observation faite par un ancien, que j'avais donné assez de preuves d'attachement aux peuplades avec lesquelles j'avais combattu long-temps, et particulièrement aux *Mamelucks*, pour ne pas me faire l'affront de se défier de moi, ce qui lui paraissait injurieux, plusieurs déclarèrent qu'il convenait de me laisser maître absolu de mes actions; que d'ailleurs le *Grand Esprit* étant avec moi, il m'inspirerait, et qu'il n'y avait rien à craindre à cet égard. Cet avis prévalut, et une fois d'accord sur le principal, on me fit appeler pour me faire connaître le résultat de la délibération. Le grave président des anciens, vieux guerrier, âgé de plus de quatre-vingts ans, m'adressa la parole en ces termes : « *Lidoka* (c'était le nom qu'on » m'avait donné en correspondance avec le » mien), le conseil suprême a décidé que tu » présiderais la députation qui doit partir pour » le Brésil. Il s'est élevé bien des dissentimens » à ce sujet; mais ta conduite au milieu de nous, « ta modération et ta prudence ont ramené » les suffrages. Nous t'aimons tous, parce que » tu es humain et bon; nous aimons aussi ton » Dieu, car il ne peut être méchant, ni semblable à celui des Espagnols et des Portugais.

» Nous mettons notre sort entre tes mains ;
» nous te confions les destinées de nos vieillards,
» de nos guerriers, de nos femmes et de nos
» enfans. Rends-toi à nos vœux, et reviens bien-
» tôt. Ton Dieu sera le nôtre; nous continue-
» rons à t'aimer tendrement; et, quoique tu
» te sois obstinément refusé à prendre aucune
» des femmes que nous t'avons présentées, nous
» espérons que tu t'y résoudras à la fin , seul
» moyen de te fixer parmi nous. Que le grand
» esprit t'accompagne et te ramène sain et sauf.
» Dans peu de jours, tout sera prêt et tu par-
» tiras. »

Je répondis : « Très illustres anciens et guer-
» riers, je suis extrêmement flatté de l'honneur
» insigne que vous venez de me faire; je tâ-
» cherai de me montrer digne d'une telle con-
» fiance. J'espère , avec l'aide du Tout-Puissant,
» de réussir dans une entreprise aussi néces-
» saire qu'urgente. Rien ne pourra me faire
» oublier les bienfaits dont j'ai été comblé de-
» puis mon arrivée dans ces contrées. J'emploie-
» rai toutes les ressources de mon imagination
» pour amener nos affaires à bonne fin, et je

» y réussir. Sensible à cette preuve d'estime
» de la part de tant de nations réunies, je ferai
» tous mes efforts pour la justifier. Pour ce
» qui est de mon Dieu, vous êtes dans l'erreur
» si vous pensez qu'il soit différent de celui des
» Portugais et des Espagnols ; c'est absolument
» le même ; seulement je suis un peu mieux
» ses préceptes, dont j'ai donné quelques no-
» tions aux *Mamelucks*. Votre *Lama* n'est au-
» tre que mon Dieu, et tous les humains le con-
» naissent, quoiqu'ils lui rendent leurs homma-
» ges sous divers noms ou différentes formes.
» Nous redoutons le mauvais esprit ; dans tout
» l'univers on a les mêmes croyances. Ici c'est
» *Hyrouca* ; ailleurs, c'est *Satan*, *Arimanius*,
» *Munkir*, *Typhon* et autres dénominations.
» Les attributs varient peu. Dieu est représenté
» sur la terre par des ministres, qu'on nomme
» ici *Piayes* et chez les autres peuples, *Prêtres*,
» *Bonzes*, *Imans*, *Brahmes*, *Rabbins*, etc.,
» qui prient pour nous. Il est consolant et pieux
» de penser que le système universel de la na-
» ture est conduit et gouverné par un être
» éternel, tout-puissant, essentiellement bon,

« qui en a tellement disposé l'ordre, que le plus
» grand bien de la créature doit en résulter.
» Créateur des mondes, son essence est au-
» dessus de notre intelligence, et nous ne som-
» mes pas conformés pour le comprendre. Sa
» puissance invisible, toujours active, dont la
» grandeur, la sagesse et la bonté éclatent dans
» tous ses ouvrages, pénètre l'homme d'un
» saint respect. Cette idée heureuse et féconde,
» aussi nécessaire aux humains que l'action du
» soleil et celle du fluide le sont à toutes les
» végétations, à toutes les productions de la
» nature, répand la vie, la vérité, l'ordre et la
» raison sur tout ce qui existe. Semblable aux
» bienfaits de la nature, elle appartient égale-
» ment à tous les hommes. Les motifs de con-
» solation et d'espérance en sortent comme
» d'une source pure et intarissable ; ils devien-
» nent la propriété du pauvre comme du riche ;
» et l'homme en jouit plus au fond des déserts
» ou sous l'humble toit de sa chaumière, que
» les grands, dans les palais élevés par l'orgueil
» et la fastueuse opulence. L'heureuse idée
» d'un Dieu embellit à chaque instant le charme

» de la vie ; elle ajoute à la jouissance de tous
» les bienfaits de la nature et de toutes ses
» beautés, une jouissance plus pure; les phé-
» nomènes les plus étonnans annoncent la puis-
» sance de celui aux ordres duquel ils se dé-
», veloppent. Que l'homme est satisfait quand
» il est parvenu à élever ses pensées à cette
» cause universelle, dont ils découvre partout
» les effets ; à s'en entretenir, à rappeler le
» spectacle de sa puissance, de sa magnificence
» et de sa bonté ! C'est donc par cette conso-
» lante idée, que l'homme le plus barbare peut
» trouver les moyens de remplir les devoirs
» que la divinité a sans doute droit d'exiger de
» lui. »

« Infiniment bon et miséricordieux, l'être
» des êtres a été trop souvent représenté sous
» des traits plus propres à en faire un objet de
» terreur que d'amour. Presque partout, on le
» dit injuste, cruel, avide de sang, qui ordonne
» aux hommes de s'entrégorger, tandis qu'il
» défend, au contraire, de s'abandonner à au-
» cune des passions qui assiègent la faible hu-
» manité. Ainsi, le motif le plus puissant pour

» réformer les passions, les a servies, et a été le
» prétexte des entreprises les plus injustes et
» des crimes les plus atroces. Croyez-en ma
» conviction. Le grand être est l'auteur de
» tout bien, et ne permet jamais le mal; s'il ne
» s'occupe pas continuellement de la créature,
» c'est qu'ayant laissé ce soin à la nature, ce
» puissant intermédiaire qu'il a placé entre
« lui et tout ce qui existe, celle-ci s'en acquitte
» de manière à lui ôter tout sujet d'inquiétude.
» C'est [ainsi, ô mes amis, que je comprends
» la divinité. Vous pensez comme moi; seule-
» ment vous lui attribuez une foule d'actions
» qui ne sont que l'ouvrage de l'admirable na-
» ture, qui n'a besoin que d'elle-même pour les
» produire. »

A peine ma harangue était-elle terminée, que,
par un mouvement spontané, ces bons sauvages se prosternèrent à mes pieds et baisaient
toutes les parties de mon corps et de mes or-
nemens. (J'étais nu, comme eux, et j'avais le
corps peint, suivant l'usage du pays, pour me
préserver des ardeurs du soleil et des piqûres
des moustiques et autres insectes qui dévore-

raient l'imprudent qui n'agirait pas ainsi.)«C'est
» maintenant, dirent-ils, que nous connaissons
» ton Dieu; nous n'en voulons plus d'autre, et
» il aura tous nos hommages. » Etourdi de cette
sortie, à laquelle j'étais loin de m'attendre, je
m'empressai de leur faire observer que mon
Dieu était le même que leur *Lama*; qu'il nous
voyait et nous entendait; qu'il était au
milieu de nous et nous bénissait. On ne peut
se figurer l'effet que produisirent ces dernières
paroles sur l'assemblée: j'en suis encore étonné.
Il m'eut été bien facile, dans ce moment, de
faire abandonner aux sauvages leurs supersti-
tions et leurs croyances, et de les faire entrer
dans le bercail du catholicisme; mais, n'ayant
ni les talens, ni les vertus nécessaires pour les
diriger et me rendre, pour ainsi dire, pontife
suprême; et désirant éviter d'attirer sur ma
tête la haine de nos *Piayes*, qui ne me voyaient
déjà pas avec plaisir, parce que j'avais eu plus
d'une fois la hardiesse de me moquer de leurs gri-
maces, je me contentai d'ajouter que: créés par
le grand Etre, nous étions tous destinés à être
heureux dans une meilleure vie, si nous nous

rendions dignes de ce bonheur, en pratiquant les vertus qui nous sont enseignées.

CHAPITRE XIX.

Nos préparatifs étant terminés, et les sauf-conduits que j'avais fait demander, pour me conformer à ce que je savais se pratiquer en Europe (ce qui dut étonner la cour de Rio-Janeiro), ayant été expédiés, je me mis en marche, accompagné d'un ancien de chaque horde, de dix des plus intrépides de nos guerriers et d'un nombre suffisant de sauvages destinés à nous porter dans nos hamacs, quand nous ne voudrions pas marcher, et chargés des présens consistant en vases d'or artistement travaillés, en diamans, topases, poussière d'or, et autres curiosités de ces contrées. Après un voyage long et monotone, nous arrivâmes dans la capitale, suivis de l'escorte qui nous avait reçus à la frontière. Alors régnait la veuve de Don Pedro, mère de Don Juan, époux de Charlotte Joachine, sœur du roi d'Espagne actuel. Don Juan, l'héritier présomptif, tenait pour ainsi dire les rènes de l'Etat. Des courtisans ambitieux et avides, comme ils le sont tous, prêchaient sans cesse la guerre contre les payens, et publiaient hautement que c'était partager leurs erreurs que de ne pas tout tenter pour les convertir ou les exterminer. Ce n'est pas l'intérêt de la religion qui les portait à chercher à entreprendre une croisade contre les sauvages; ils savaient que nous possédions des mines d'or et de diamans, bien autrement productives et plus riches que celles du Brésil; et, à l'exemple de leurs ancêtres, ils ne soupiraient qu'après le moment de nous attaquer pour s'emparer de nos trésors et de nos mines, et nous rôtir; le tout au nom d'un Dieu qui naquit dans l'abjection et la pauvreté, qui pardonna et bénit ses bourreaux ! Forcées d'être ainsi continuellement aux prises avec de tels voisins, les hordes, fatiguées de tant de mauvaise foi, n'avaient nulle confiance en eux. On employait, pour tromper les sauvages, tout ce que la ruse et la perfidie ont de plus odieux. Les hordes représentaient envain que, fidèles observatrices des traités, jamais on ne les avait vues en enfreindre les moindres dispositions. On n'écoutait ni leurs réclamations, ni leurs plaintes; on se moquait de leurs menaces, et les choses restaient dans le même état.

Ce fut en ce moment que j'arrivai au Brésil, bien décidé à nous faire rendre justice, et à employer, pour cet effet, toutes les ressources de mon imagination. La tâche était laborieuse et difficile; mais le bon droit étant de notre côté, je ne désespérais pas de réussir, ou du moins d'obtenir de la crainte, ce qu'on n'aurait jamais accordé à la justice. Avant d'être admis en présence de la reine, je fis demander une audience particulière à Don Juan, sous le prétexte que j'avais à lui communiquer des choses importantes pour moi, personnellement, ajoutant qu'il était inutile d'employer le secours d'aucun interprète; que je me faisais fort de me rendre intelligible. Don Juan étonné et curieux à la fois, accorda l'audience, et le surlendemain je me présentai au palais où je m'expliquai en ces termes et en français:

« Prince, je ne suis point un sauvage. Né

» en France , des circonstances malheureuses
» m'ont forcé à m'expatrier. Fils de l'infortuné
» Louis XVI, je n'ai échappé à la mort qui me
» menaçait que par le dévoûment d'un prince
» de ma maison (J'expliquai à don Juan tout ce
qu'on a vu plus haut, et lui demandant un secret
inviolable sur ce qui me concernait , je lui
exposai les motifs de notre ambassade et les
résultats que j'en attendais). Don Juan tout
étonné, croyait rêver, tant l'évenement lui paraissait surprenant; il le regardait comme sur-
naturel. Mon langage et ma présence dans son
palais, à plusieurs mille lieues de mon pays ,
paraissaient le désorienter. Il ne répondait rien.
Je cherchais à deviner ce qui se passait en lui ; il
était indécis, et je vis le moment où il allait me
repousser. Le calme reparut néanmoins sur son
visage , et reprenant son air serein , il accueillit avec bonté l'étrange confidence que je venais de lui faire. Il me dit qu'il y penserait et que
je n'aurais pas lieu de me repentir de ma confiance. En ce qui concernait les causes de notre
ambassade, qu'il était flatté de pouvoir rendre
justice aux nations que nous représentions, et

qu'il appuierait de tout son pouvoir nos réclamations, dès qu'il serait certain qu'elles
étaient fondées.

Satisfait de l'issue de cette entrevue, je me
rendis auprès des miens et leur fis espérer que
notre voyage ne serait pas aussi infructueux
que je l'avais d'abord craint ; que je conser-
vais l'espoir que tout se terminerait selon nos
vœux. Joyeux de cette assurance, nous atten-
dîmes le moment d'en acquérir la certitude et
nous augurâmes bien de l'avenir. Désirant éviter l'éclat de ces réceptions, où l'orgueil et la
vanité jouent le plus grand rôle, et qui ne
pouvaient influer en rien sur nos affaires ; je fis
prier la reine de nous dispenser d'un cérémo-
nial humiliant et trop fatigant pour des hommes de la nature, nullement habitués aux
pompes européennes et qui se soumettraient
difficilement aux exigences de l'étiquette ; la
suppliant de nommer une commission chargée
de débattre paisiblement avec nous les points
litigieux et de terminer ainsi, après que tout
aurait été soumis à sa royale approbation ,
l'affaire qui nous amenait dans ses états.

La reine eut égard à notre demande ; elle nomma une commission à cet effet, et nous nous mîmes en relation avec les membres qui la composaient. Comme c'étaient des hommes probes et justes, nos prétentions furent accueillies : les traités anciens furent renouvelés, et nous reçûmes l'assurance qu'ils seraient religieusement exécutés, et les infracteurs sévèrement punis.

CHAPITRE XX.

Pendant le cours de nos négociations , Don Juan m'ayant fait avertir qu'il désirait me parler, je me rendis à son invitation. Aussitôt que nous fûmes seuls , il me dit : « Je ne vous ca-
» cherai pas que j'ai fait prendre des informa-
» tions auprès de vos compagnons. Leur ré-
» cit, conforme au vôtre, a décidé de ma manière
» de voir à votre égard. J'ai beaucoup de peine,
» je vous l'avoue, à revenir de ma surprise.
» Comment n'avez-vous pas été mangé par ces
» cannibales, ou du moins, ne vous ont-ils pas
» assommé ? Cela est encore plus étonnant
» que vos premières infortunes : celles-ci ne
» sont pas impossibles, tandis que votre exis-
» tence, au milieu de ces antropophages, si
» avides de chair européenne, est un fait
» dont je douterais encore si je ne vous voyais
» devant moi. Il serait difficile de rencou-

» trer un autre homme à qui pareilles choses
» fussent arrivées; tous y eussent péri , et je
» considère cela comme un miracle de la di-
» vine Providence, qui veille visiblement sur
» vous. Je croirais, en conséquence, commettre
» une mauvaise action si je vous refusais mon
» appui. J'avais déjà ouï raconter partie de
» vos désastres; mais à une telle distance ,
» quoique nous fussions alors à Lisbonne , on
» peut être facilement induit en erreur , sur-
» tout après une révolution et les atrocités qui
» ont ensanglanté votre patrie. Il paraît que
» vous n'avez point découvert le secret de
» votre origine aux hordes avec lesquelles
» vous habitez, car vos compagnons l'igno-
» rent absolument et n'ont pu répondre à
» aucune des questions que je leur ai fait
» adresser à ce sujet. J'avais mes raisons pour
» agir ainsi, et vous me croirez lorsque je vous
» assure qu'elles n'ont rien eu d'injurieux pour
» vous. Votre intention est-elle de passer le
» reste de vos jours parmi les sauvages ? Re-
» noncez-vous à l'espoir de rentrer dans votre
» patrie ? Est-elle sans attraits pour vous ? Re-

» fuseriez-vous de profiter des occasions qui
» pourraient se présenter? Si telle est votre
» pensée , tout est dit. Mais, si l'espérance ,
» cette dernière ressource des malheureux,
» n'a pas fui de votre cœur si l'amour de vo-
» tre pays n'y est pas éteint , vous devez faire
» votre possible pour revoir la France et la
» servir au besoin. Restez dans nos états et
» vous pourrez profiter de la première occa-
» sion favorable. Expulsés de nos possessions
» d'Europe , par le chef actuel de la France,
» nous espérons bien y rentrer, et le temps
» n'en est pas si éloigné qu'on le pense. Les
» souverains voient d'un œil d'envie les succès
» de ce *géant*, et ils tâcheront de l'écraser.
» Croyez-vous que les potentats du continent ,
» et même les Français, ne préféreraient pas
» votre domination à celle de ce soldat heu-
» reux? Demeurez ici et laissez ces sauvages.
» Tout respectables qu'ils sont; quelles que
» soient les obligations que vous leur ayez, el-
» les ne peuvent balancer les avantages que vous
» devez attendre de votre retour en Europe.
» Je sens parfaitement la délicatesse de votre

» position. Vous pensez , dans votre enthou
» siasme de reconnaissance , que vous ne pour-
» rez jamais vous acquitter envers eux. Je
» conviens que vous leur avez de grandes obli-
» gations ; mais ne vous doivent-ils rien? Sa-
» vez-vous que s'ils avaient dans chaque horde
» un homme exalté comme vous , et surtout
» aussi entreprenant , nous ne serions bientôt
» plus maîtres chez nous? Leurs progrès dans
» l'art de la guerre nous avaient si peu échap-
» pés que nous savions déjà qu'ils ne les de-
» vaient qu'à la présence d'un européen parmi
» eux. Nous ignorions d'où ils sortait. Nous
» avions remarqué que depuis quelque temps
» les Topinamboux et leurs voisins étaient
» beaucoup plus turbulens que par le passé, et
» nous nous perdions en conjectures. Votre
» arrivée a tout expliqué. Leurs succès les
» rendent téméraires et vous ne sauriez imagi-
» ner le tort immense que vous nous avez fait.
» Il y a peut-être de ma part un peu d'égoïsme,
» à vous dire toutes ces choses ; je n'ai pas
» cru devoir vous les taire, et je préfère vous
» rendre confiace pour confiance. Croyez-

» moi, ne sacrifiez point votre avenir, et par
» suite, sans doute, le bonheur de la France, à
» la triste gloire de commander en maître à
» des peuplades qui, tôt ou tard, vous feraient
» repentir de votre dévoûment généreux. Vous
» ne vous appartenez point : vous devez
» compte de votre destinée à cette providence
» qui a le droit de vous le demander et qui ne
» vous a ménagé cette occasion unique que
» pour faciliter votre retour dans votre patrie.
» Ses décrets sont impénétrables. Votre pré-
» sence dans ces contrées éloignées et votre
» arrivée dans nos provinces semblent vous
» conduire, comme par la main, au but que
» vous devez atteindre. En effet, comment
» auriez-vous pu quitter ces sauvages, s'ils ne
» vous eussent pas envoyé ici ? Il ne faut pas
» croire que vous auriez parcouru de nouveau
» aussi facilement l'espace à franchir pour
» vous mettre à l'abri de leur vengeance.
» Ne vous faites pas illusion, vous n'eussiez
» pu leur échapper. Je me charge de faire
» agréer votre refus de partir, non-seulement
» par vos compagnons de voyage, mais encore

10

» par leurs hordes; et je leur ferai tant de bien,
» que cela les dédommagera un peu de la perte
» qu'ils vont faire. Dites-moi, maintenant, si
» ce projet obtient votre assentiment, et nous
» travaillerons immédiatement à son exécu-
» tion. »

Je répondis à Don Juan, que si je n'avais pas
fait connaître mon origine aux sauvages, ce
n'était point par défiance, mais par rapport à
ma famille seulement; car ces bonnes gens ne
m'auraient jamais pu comprendre. En effet,
comment croire à tant de perfidie d'une part,
d'égoïsme de l'autre, et aux difficultés qu'on
éprouve en Europe à se faire reconnaître pour
le fils de son père, dès qu'on appartient à une
certaine caste? Toute déclaration devenait su-
perflue; ensuite elle était inutile, ou bien elle
n'eut servi qu'à augmenter leur haine contre
les Européens qui ne leur faisaient point encore
pitié. Quant à l'injure que pouvaient me faire
les questions adressées à cet égard, je n'en
voyais aucune; que je n'étais pas assez dépourvu de sens pour croire qu'on dût ajouter à mes
paroles une foi aveugle, et que je ne trouvais

point mauvais qu'il eût cherché à s'assurer de leur véracité. Pour ce qui était de ses offres, que je les trouvais aussi obligeantes que généreuses, et le priais d'avoir la bonté de m'accorder deux jours pour y réfléchir. Il y consentit.

S'il m'était pénible d'abandonner des régions où j'avais joui d'un repos si salutaire, de respects sincères et de l'amitié véritable de ces bons habitans; il devenait encore bien plus difficile de faire agréer cette résolution à mes compagnons. Habitués à me considérer avec la plus grande vénération; cette espèce de manque de foi de ma part leur serait d'autant plus sensible qu'ils devaient moins s'y attendre, et ma conduite leur paraîtrait une monstrueuse ingratitude. Ces réflexions ne m'échappèrent pas. D'un autre côté, pouvais-je sacrifier mon avenir à la stérile jouissance d'un repos déshonorant, et renoncer, sans crime, à l'espoir de remonter sur le trône de mes ancêtres, si j'y étais appelé un jour par le vœu unanime de mes concitoyens? Pourquoi refuser, dans ce cas, de me servir du seul moyen que le ciel m'offrait pour y parvenir? Ne paraissait-il pas avoir ménagé cette occasion pour m'en faciliter le succès ? Ebranlé par les objections de Don Juan, et peut-être par la secrète envie de reparaître au milieu d'un monde que je connaissais si peu ; croyant bonnement que je n'avais qu'à me montrer en France pour être immédiatement reconnu et fêté par ces nationaux, trop heureux de me revoir ; ignorant, malgré ce que Don Juan me disait, les dispositions des Français à mon égard, je ne réfléchis point assez aux inconvéniens nombreux qui pouvaient s'opposer à mon projet ; je ne vis que le beau côté du retour, et je fus victime de mon illusion.... Je fis part à mes compagnons de la résolution où j'étais de ne pas partir avec eux. On ne peut se faire une idée du désespoir qui s'empara d'eux dans cet instant : ils ne voulaient pas s'éloigner sans moi, ils répondaient de mon retour et ils préféraient périr que de s'en retourner seuls. Ils m'accablèrent de toutes les malédictions usitées dans leur pays et me menacèrent des foudres du *Grand Hyrouca.* Ils employèrent tour-à-tour les imprécations et les prières. Je fus inexorable. Il semblait qu'un destin funeste m'inspirait dans ce moment, pour me faire expier plus tard la monstruosité de ce procédé envers des peuplades à qui je devais la vie et la tranquillité dont j'avais joui dans ces contrées. Le ciel, qui punit sévèrement l'ingratitude, appesantit bientôt sa main vengeresse sur ma tête coupable et me fit apercevoir qu'on ne le brave pas toujours en vain..... Sourd à toutes les représentations, j'abandonnai lâchement les seuls et vrais amis que j'eusse rencontrés dans mes malheurs, pour me mettre à la merci de potentats ambitieux et perfides, qui devaient me faire cruellement repentir de l'immoralité de mes procédés à l'égard des trop bons Américains!

CHAPITRE XXI.

Après le départ presque forcé de mes compagnons, Don Juan me consulta sur ce qu'il devait faire pour moi. Ennemi des grandeurs et du faste, je le priai de me laisser vivre inconnu et de garder le secret sur mon existence et surtout sur ma présence au Brésil, où les séïdes du *Géant* pourraient m'atteindre; que plus libre, par ce moyen, je pourrais completter mon instruction dont je sentais la nécessité. Don Juan adhéra à tous mes désirs. Nous avions d'abord pris des mesures pour qu'on ne s'aperçût pas que les autres sauvages partaient sans moi, et il devint dès-lors facile de rester ignoré. Mon premier soin fut de faire disparaître la teinture qui couvrait tout mon corps, et je n'y parvins qu'avec une peine infinie et beaucoup de temps. Le prince venait me voir assez souvent, et j'eus le loisir d'admirer sa bonté et les talens précieux qu'il avait acquis. Je passai de cette manière plusieurs années. Retiré dans une campagne, à peu de distance de la ville, je pouvais y entrer quand bon me semblait et donner un libre cours à mes observations. J'examinai de près le mécanisme des administrations, auxquelles j'étais absolument étranger. Je comparai la civilisation de ces contrées avec celle du continent; je trouvai, ce que j'ai remarqué partout, que le pauvre dépend du riche et que le peuple est à la merci des grands... Les dispositions d'une partie des enfans de Don Juan ne m'échappèrent pas. Je lui en fis part en l'engageant à réprimer la fougue de l'aîné et les vices du cadet de ses fils. Les filles étaient encore trop jeunes pour découvrir leur caractère; cependant, on commençait à entrevoir ce que les uns et les autres seraient un jour; et malheureusement pour Don Juan, mes prévisions se sont réalisées trop tôt! Comme la franchise a toujours été mon guide, je ne pouvais lui cacher les craintes que faisaient naître en moi les penchans sanguinaires de Don Miguel, et j'insistais fortement pour qu'il y mit ordre pendant qu'il en était encore temps. Soit tendresse paternelle, soit la suite de l'influence de la princesse, sa femme, soit faiblesse, Don Juan n'employa que des moyens insuffisans; et il eut, par la suite, la douleur de compter cet enfant au nombre de ses assassins. Fils dénaturé, il a donné, après la mort de son respectable père, à l'univers étonné et à ses sujets consternés, le spectacle hideux et révoltant de cruautés qui rappellent le siècle horrible des Caligula et des Néron, d'exécrable mémoire ; et les potentats n'ont pas rougi d'accorder à ce monstre une protection qu'ils avaient impitoyablement refusée à l'infortuné dont les droits étaient incontestables !...

Don Juan m'ayant informé des grands événemens qui venaient de se passer en Europe ; nous fîmes les préparatifs nécessaires pour m'y faire transporter. Après qu'il eut amplement et généreusement pourvu à tous mes besoins et assuré mon sort pour l'avenir, je le quittai. Au moment de partir, Don Juan me dit : « Que le » ciel veille sur vous et vous accompagne ! Si, » ce que je ne pense pas, le destin vous était

» contraire, revenez dans ces contrées, vous y trouverez toujours bienveillance et appui. »
Notre séparation fut, hélas! éternelle. Je ne prévoyais pas, en m'embarquant, que je voyais ce prince pour la dernière fois, et qu'avant sa mort, il regretterait de n'avoir pas suivi mes conseils !

CHAPITRE XXII.

Mon premier soin, après mon arrivée à Paris, fut de voir Fouché. Ministre du comte de Lille, et me croyant mort, il parut surpris et peiné de mon retour. Sans s'arrêter à me faire des observations qu'il jugeait inutiles, il me conduisit chez le prince de Condé qui me reconnut à ma voix et surtout à mes traits, qui lui rappelaient si vivement ceux du respectable auteur de mes jours. Fouché lui remit sa lettre que j'avais laissée entre ses mains, en partant pour l'Amérique. Ce bon prince me reçut à bras ouverts et me demanda la permission de baiser la légère cicatrice que m'avait faite au front un coup de serviette que me donna Simon, et qu'il avait déjà vue. A entendre Condé, j'étais un second fils que la divine Providence lui envoyait pour remplacer dans son cœur l'infortuné d'Enghien, lâchement assassiné. Quoique

je fusse arrivé un peu tard, il ne doutait nullement que je ne reçusse de ma famille un accueil digne des uns et des autres; il pensait que
le Tout - Puissant paraissait avoir ménagé ce
moment pour faire triompher la légitimité
d'une manière éclatante. Je lui observai alors
qu'il paraissait revenu des préventions défavo-
rables qu'il avait long-temps nourries contre le
comte de Lille, et le priai de me dire s'il avait
la certitude qu'on me recevrait avec plaisir et
surtout sans arrière-pensée; qu'il me semblait
que les raisons qui l'avaient engagé à m'en tenir éloigné n'en devaient pas moins subsister,
et que, puisque le comte était arrivé au but où
tendaient tous ses désirs, ma présence dans
ma patrie le contrarierait sans doute, et qu'il
était à craindre qu'il n'employât les nombreux
moyens actuellement à sa disposition pour
me faire disparaître.

Condé parut réfléchir profondément; et Fouché lui ayant alors rappelé que Joséphine n'avait
péri que parce qu'elle fit une démarche auprès
de l'empereur de Russie, il était probable que je
ne serais pas mieux traité; on pensa qu'il ne

fallait rien livrer au hasard ; que nous devions sonder le comte à mon sujet, afin de voir dans quelles dispositions on le trouverait, dans le cas où on jugeât à propos de lui faire connaître mon retour ; qu'ensuite on prendrait les mesures nécessaires pour me soustraire à ses poursuites, si son cœur n'était pas changé. Fouché offrit de se charger de cette affaire. Le prince de Condé goûta cet avis, et, quoiqu'il ne doutât pas de la duplicité du comte, il espérait cependant réussir à l'amener à des sentimens plus pacifiques. Le rapport de Fouché l'ébranla un peu ; mais, pensant qu'il serait mieux écouté, il voulut en parler lui-même au comte. Sa réponse le désenchanta entièrement, et Condé put se convaincre qu'il ne reculerait devant aucun forfait pour se maintenir sur un trône usurpé et où il voulait mourir. Le prince, furieux, allait faire un éclat ; je m'y opposai formellement. Je ne voulais fournir aucun prétexte à d'odieux étrangers, de prolonger leur occupation ou de démembrer notre beau pays. Je parvins à faire entendre au prince qu'il était prudent d'agir secrètement et d'aviser aux moyens de me soustraire aux persécutions dont j'allais être l'objet, dès qu'on serait certain que j'étais en France; que les Français ne me paraissant pas heureux sous cette domination, la crainte engagerait peut-être le comte à se relâcher des mesures rigoureuses qu'il avait ordonnées contre quelques-uns d'entr'eux; que des représentations opportunes le forceraient à être juste envers une nation dont le seul crime était de s'être laissé imposer un pareil souverain. Que mon intention n'était point de l'engager à descendre d'un trône sur lequel l'avait placé un million de bayonnettes ennemies, et que je n'en voulais point à ce prix; que je ne désirais que l'engager à rendre les Français moins malheureux, m'en retourner parmi mes bons sauvages, que je n'aurais jamais dû quitter, et y finir mes jours. Je connaissais bien peu le comte de Lille! Il en avait trop fait pour reculer. Afin de prévenir des tentatives de ma part, que lui firent soupçonner sans doute quelques agens officieux, toujours prêts à servir les gouvernemens corrompus, et dont l'intervention, depuis nos discordes, est devenue une nécessité, le comte fit paraître un imposteur pour tromper la France qui, mise en garde par cette manœuvre dont elle était loin de se douter, aurait pu me confondre avec lui, dans le cas où j'eusse cherché à rendre publique l'injustice dont j'étais la victime. Cette tactique infernale, bien digne du ministre qui la conseilla et qui avait remplacé Fouché, mit le comble à l'indignation de Condé, et j'eus toutes les peines du monde à l'empêcher d'éclater. Ce ministre siège à la Chambre des Pairs, à côté des fameux T... et P...

Pour s'étourdir sur sa position, le comte de Lille ne cessait de proclamer le principe de la légitimité!... Ma présence en France, dans un moment où les esprits étaient encore en fermentation, pouvait occasionner une révolte ouverte, (du moins, j'avais la bonhomie de le croire) et provoquer une nouvelle invasion de la part de nos ennemis dont les armées occupaient nos places fortes et observaient tous nos mouvemens. Cette puissante considération me réduisit au silence, et je priai instamment le prince de Condé de ne faire aucune démarche qui pût attirer sur notre patrie des maux qu'elle n'avait pas mérité; j'ajoutai que , quelle que fut la justice de mes réclamations , je n'entendais nullement être l'auteur des désastres de ma patrie ; que la plus belle cause ne valait pas la vie d'un seul homme et que je renoncerais plutôt à tous mes droits que d'exposer la tête d'un Français pour les soutenir; qu'enfin, j'étais bien disposé à m'éloigner et qu'aucune considération ne me ferait changer de résolution.

Le prince de Condé fut donc réduit à l'inaction, et comme le comte de Lille avait été informé que j'étais en France, il cherchait à découvrir le lieu de ma résidence. Toutes ses combinaisons échouèrent contre les mesures que nous avions prises à ce sujet. Fatigué d'un genre de vie qui ne convenait ni à mon caractère, ni à mes habitudes, je me décidai à faire hasarder une proposition directe au comte, persuadé que la prudence le porterait à l'accueillir. Condé lui communiqua l'intention où j'étais de me retirer à l'étranger, en lui faisant sentir que je ne demandais ni apanage ni pension ;

que je désirais seulement qu'il informât le
Souverain dans les états duquel je me trouverais que, parfaitement connu de lui, comte
de Lille, on m'accordât asile et protection,
pour m'éviter le désagrément des mesures acer-
bes et vexatoires assez généralement en usage
en Europe, contre les Français, depuis la restauration ; moyennant l'exécution de ces
conditions, je m'expatrierais silencieusement
et ne rentrerais en France que de son consentement ou après sa mort; ne voulant être
connu de qui que ce fut, je prendrais un nom
de convention ; et, de cette manière nous serions réciproquement débarrassés l'un de l'autre.

Le comte de Lille consentit à tout. A l'entendre, il ne voulait pas que son neveu vécût
trop simplement et il s'offrit de me faire une
pension considérable et qui me permit de tenir un rang proportionné au degré de parenté
qui nous liait. Je rejetai cette dernière proposition. Au moment où nous devions compter sur une parole à la quelle certain préjugé
attachait une authenticité historique, nous

apprîmes que , détourné par nos parens, à la tête desquels figurait ma propre sœur , dont l'opposition scandaleuse ne contribua pas peu à ce manque de foi, le comte se disposait à sévir contre moi. Pour le coup , le prince de Condé, transporté de fureur, ne ménagea pas les reproches ; il ne se proposait rien moins que de faire un appel à l'Europe et à la France, pour faire connaître la perfidie du comte et des siens. Il était réellement à craindre que ce prince ne fît une démarche dont l'éclat pouvait gravement compromettre son repos, le mien et, par suite , celui de la France. J'employai tous les moyens possibles de le dissuader. L'irascible vieillard, outré de tant de machiavélisme, voulait se porter aux dernières extrémités ; ce ne fut qu'avec la plus grande peine et après des efforts incroyables , que je parvins à le calmer un peu et à lui faire comprendre que tout acte d'opposition, dans ce moment , serait des plus funestes; qu'il était plus prudent de céder à l'orage et d'attendre une occasion favorable ; que la France se lasserait bientôt de ses gouvernans, qui entassaient fautes sur fautes, et qui finiraient par se faire encore honteusement expulser; puisque la Providence m'avait conservé jusques alors, elle ne m'abandonnerait pas et ne laisserait point son ouvrage imparfait; qu'il fallait se résigner; et le priais de se désister, et qu'au besoin je lui défendais de passer outre.

Ce bon et respectable prince se calma enfin et me dit : « Vous le voulez? Eh bien ! que la » volonté de Dieu soit faite et que vos destins » s'accomplissent. » Depuis ce jour il déclina visiblement, et j'ai la persuasion intime que sa mort, qui arriva quelque temps après, fut le résultat de la violence qu'il dut faire à son caractère, du chagrin que lui fit éprouver la perfidie de nos parens et du souvenir des forfaits de quelques-uns d'entre eux... Avant de m'éloigner, le prince de Condé ajouta à la première lettre qu'il avait soigneusement conservée, le récit de ce qui s'était passé depuis; ce qu'il ne put faire qu'avec beaucoup de peine, car il était presque aveugle, et il me remit le tout revêtu de son sceau. J'avais à ma disposition toutes les lettres de Don Juan, je les joignis à ce paquet et m'acheminai tristement vers le midi de la France.

En passant à Rodez, je fis connaissance avec le vertueux Fualdès à qui j'avais été recommandé. Me fiant à sa sévère probité, je lui laissai toutes les lettres de Don Juan avec d'autres papiers et ne gardai avec moi que les deux lettres du prince de Condé. Je ne pouvais prévoir alors que cette marque de confiance de ma part serait la cause de l'attentat le plus horrible dont les annales du monde aient jamais retenti. On assassine souvent l'homme qu'on veut dépouiller, et encore, n'en vient-on à cette extrémité que quand il repousse la force par la force ; mais on ne se fait pas un horrible plaisir de compter ses soupirs ou les battemens de son cœur. Un tel excès de cruauté, que les barbares ignorèrent, ne peut être que l'ouvrage du fanatisme d'inspiration ou salarié; et, sous ce rapport même, le lâche assassinat de Fualdès a laissé bien loin derrière lui tous les crimes de ce genre qui l'avaient précédé. On croyait trouver les lettres de Condé ; combien dut être grand le désapointement des auteurs de ce forfait, lorsqu'ils virent qu'ils n'avaient retiré que partie du fruit qu'ils espéraient recueillir de cette abominable action !

CHAPITRE XXIII.

Après quelques années, passées à parcourir le monde, je fus arrêté dans les états de l'empereur d'Autriche, sur les instances du comte de Lille, et conduit à Milan. Repoussé par les miens, il ne pouvait rien m'arriver de plus malheurenx que de tomber au pouvoir de François II. On eut l'audace de me signifier, en m'arrêtant, que j'eusse à me désister de mes prétentions, qu'elles qullese fussent; et dans le cas d'un refus obstiné de ma part, ma détention ne finirait qu'avec ma vie. Saisi d'indignation, je protestai hautement contre la mesure arbitraire et inique qui me privait de ma liberté, et contre cette violation manifeste du droit des gens. On ne m'écouta pas. Soumis au secret le plus rigoureux, je fus traité en prisonnier d'état. Tous mes papiers furent saisis. On me demanda les motifs de ma présence dans les états autrichiens , ce qui me convainquit qu'on n'avait agi que d'après les ordres du comte de Lille , puisqu'on ne pouvait me faire aucun reproche. On ne me laissa pas même ignorer cette circonstance. On me fit diverses questions, auxquelles il m'était absolument impossible de répondre : je ne savais ce qu'on voulait me dire. Ce fut alors que j'appris que j'étais accusé du crime de haute trahison. Je reconnus la tactique du comte, et le rouge qui couvrit mon visage fit comprendre que ce moyen odieux n'était pas propre à me faire céder. Quand on en vint à ma qualité, je voulus d'abord nier; mais un envoyé de ce gouvernement m'ayant judicieusement observé que si je suivais ce système, qui me serait très-désavantageux sous tous les rapports , l'Autriche , quoique bien persuadée de mon identité, d'après les documens qui m'avaient saisis, pensant qu'il ne pouvait y avoir de à se dire proche parent d'un souverain, été croirait s'être trompée; et comme la honte France m'accusait d'un crime capital, ce que les papiers trouvés sur moi, s'ils ne m'appartenaient pas, paraîtraient confirmer avec d'autant plus de raison que je devrais en outre rendre compte de la manière dont ils étaient tombés entre mes mains et de ce qu'était devenu le propriétaire ; elle se verrait forcée de me mettre à la disposition du gouvernement français. Tandis que si, au contraire, je déclarais hautement une vérité dont rien ne devait, ce semble, me porter à rougir, on s'assurerait d'abord si l'accusation dirigée contre moi était sérieuse ; et comme tout portait à croire que ce n'était qu'un prétexte pour s'emparer de ma personne, l'Autriche ne me livrerait jamais et me rendrait à la liberté avec honneur et distinction ; qu'en cas de persistance de ma part, le Souverain, bien fondé à se croire dégagé de tous liens à l'égard d'un parent qui paraissait peu flatté d'une telle lignée, serait à l'abri de tout reproche et ne pourrait être en aucune manière sujet au blâme de la postérité pour une conduite dont j'aurais été l'unique auteur.

Je ne savais ce que je devais le plus admirer de l'imperturbable sang-froid avec lequel cet individu me débitait des absurdités, ou de la ruse avec laquelle il tissait l'accusation la plus perfide : car, d'après ses insinuations, il était positif que si je soutenais que je n'étais pas moi, on allait m'accuser de m'être assassiné pour m'enlever mes papiers et usurper mon nom et mes qualités, sans préjudice de ce que je possédais. Comme on le voit, l'invention était nouvelle, le piège adroit et ma position plus embarrassante. Mon parti fut bientôt pris. Sans m'inquiéter si ces observations étaient le résultat d'une impulsion amie ou ennemie, je déclarai positivement qui j'étais, et détaillai les principaux événemens de ma vie. Je mis au jour des faits ignorés jusques-là et qui produisirent une grande sensation. Je levai le voile dont le comte de Lille se couvrait pour cacher ses turpitudes. Je dévoilai la misérable intrigue de Rouen, et terminai en demandant à être conduit en France pour y être publiquement jugé et mis sous la protection des lois de mon pays et sous la sauve-garde des souverains de l'Europe, puisque ma cause était évidemment celle des rois.

Le magittrat chargé du rapport de cette affaire, la présenta sous son vrai jour, et les
pièces furent toutes envoyées à la chancellerie de Vienne, ainsi que les papiers et écrits
qui m'avaient été saisis et dans lesquels je disais des vérités très-dures contre les gouvernemens autrichiens et anglais. Je n'avais plus
rien à ménager; m'étant entièrement découvert, et je m'attendais à subir le sort réservé à
mes pareils quand ils sont les moins forts.
L'éclat que mon arrestation et ma détention
fit en Italie a pu seul m'en garantir. Plus
de six ans s'écoulèrent sans qu'on me donnât
aucune nouvelle du résultat de mes réclamations que je réitérai plusieurs fois. Le comte
de Lille ne put jamais parvenir à détruire les
faits consignés dans mes réponses, et fit de
vains efforts pour les dénaturer. L'extrait mortuaire envoyé de France ne produisit pas le
même effet qu'en 1814. Je ne pus, à cette époque, en prouver la fausseté, j'étais à plusieurs
mille lieues de la ville où se jouait un si pitoyable drame ; mais quand on m'entendit,
tout cet échafaudage d'impostures croula de-

vant le récit simple et naturel des faits , cor-
roboré par la déclaration du prince de Condé
dont on n'eut osé suspecter la véracité ! Si,
en 1814, Condé garda le silence à mon égard,
c'est que me croyant mort depuis l'assassinat
de Pichegru , il jugea toute démarche inutile.
Ma fermeté étonna l'Autriche. Ceux qui me
surveillaient , surpris de ma résignation, re-
vinrent d'injustes préventions ; ils me plaigni-
rent et firent tout ce qui dépendait d'eux pour
adoucir mon sort. Je me plais à déclarer ici,
que les chefs italiens, à Milan , se sont acquit-
tés de ce pénible devoir d'une manière bien
honorable pour eux : je dois à leurs bontés ,
la santé dont je jouis actuellement , les dou-
ceurs que j'ai éprouvées et la justice qui m'a
été enfin rendue. Leurs sollicitudes pendant
ma captivité , les consolations qu'ils n'ont
cessé de me prodiguer ; la joie franche qu'ils
firent éclater au moment où l'avis de ma mise
en liberté , transmis par le télégraphe , leur
parvint ; la manière loyale avec laquelle ils me
le communiquèrent ; l'activité qu'ils mirent à
son exécution ; leurs attentions délicates et

les sages avis qu'ils me donnèrent ; tout me prouva que j'emportais leur estime et qu'ils se débarrassaient d'un fardeau bien pesant. Le jour de ma libération fut une fête pour eux. Inconnu à presque tous, chacun eut voulu me voir et me féliciter sur l'acte de justice qui me rendait à la société. Ce souvenir, encore présent, me console des peines que j'ai souffertes depuis, et me venge amplement de l'espèce de lâcheté dont s'est rendu coupable l'ambassadeur français, à Vienne, et le bill d'impunité que la gazette de cette dernière ville, du 30 avril dernier, accorde, de son autorité privée, à son gouvernement qui m'a arrêté, interrogé, tourmenté pendant plus de six ans et à la fin relâché ; le tout, *parce que je ne suis pas Français !* et c'est ainsi qu'on écrit l'histoire !

CHAPITRE XXIV.

Le décret authentique qui a brisé mes fers en m'accordant la liberté sans restriction, donne lieu à des réflexions qui n'échapperont sans doute à personne. En effet, arrêté nanti de documens qui venaient à l'appui de mes déclarations, le Conseil suprême de l'Autriche a dû nécessairement prendre les informations les plus scrupuleuses, et agir avec d'autant plus de circonspection, qu'un acte me faisait mourir en 1795, et que le comte de Lille soutenait que j'étais un imposteur, comme celui de Rouen. Les diverses conspirations d'Espagne, de la Romagne, de Naples, de Turin, de Milan et autres lieux où l'on soupçonnait que j'avais pu passer, malgré mes allégations contraires, donnaient lieu à des soupçons très-graves, que les insinuations charitables du comte de Lille ne contribuaient certainement pas à atténuer.

Tout semblait conspirer pour éterniser ma captivité ; il a fallu nécessairement attendre la fin de l'instruction de la volumineuse procédure qui fut dirigée contre les auteurs prétendus de ces divers mouvemens. Mon innocence fut prouvée ainsi que la duplicité du comte de Lille. Ce dernier insista vivement auprès du Cabinet de Vienne, pour qu'on lui remît les écrits du prince de Condé et autres documens me concernant, afin de faire disparaître les seuls titres qui pouvaient contribuer à prouver mon existence et mon identité. J'ignore s'il y réussit.

En résumé, il ne fallait, pour éterniser ma détention, qu'une omission ou une erreur de date dans mes déclarations qui put fournir matière au doute. On n'a pu avoir cette légère satisfaction ; car il est notoire que tout ce que j'ai avancé a été reconnu vrai et confirmé par les renseignemens qu'on a pu se procurer pendant ma longue captivité. Privé de toutes communications au dedans, comme au dehors, il m'était impossible de m'aider, quand même j'en aurais eu l'envie. Un tribunal suprême, mon ennemi naturel, et de plus influencé par les souverains, a prononcé en ma faveur. Il a donc reconnu la solidité de mes raisons. On n'a donc pu détruire les faits consignés dans mes écrits. Les documens que j'ai fournis ont donc été jugés suffisans et valables, et ceux de mes adversaires, controuvés et mis au néant. Mon existence et mon identité ont donc été constatées, et l'extrait mortuaire produit, déclaré faux quant à moi. Par le fait de mon élargissement, on a donc été forcé de convenir que je suis bien réellement *Louis-Charles de Bourbon, duc de Normandie, fils de Louis-Auguste de Bourbon et de Marie-Antoinette-Josephe-Jeanne de Lorraine, archiduchesse d'Autriche, roi et reine de France...* Si on ne m'a pas alors reconnu et traité comme tel, à Milan, on ne doit en attribuer la cause qu'à l'égoïsme politique des monarques de l'Europe. Rejeté par les rois, je soumis ma cause au tribunal des peuples. Avant de recourir à la dernière raison des potentats, je crus devoir employer tous les moyens que les lois de mon pays offrent à l'opprimé, pour faire parvenir

mes plaintes à la nation abusée trop long-
temps.

CHAPITRE XXV.

Aussitôt après ma sortie, je me retirai dans les états du roi des Pays-Bas, et, le 2 février 1828, j'adressai la demande suivante à la Chambre des Pairs de France.

Luxembourg, le 2 février 1828.

NOBLES PAIRS,

Organes de la Justice, c'est à votre haute sagesse que l'infortuné *Louis-Charles de Bourbon, duc de Normandie*, vient confier ses intérêts. Arraché, comme par miracle, des mains de ses farouches bourreaux, et après avoir végété pendant de longues années dans les diverses contrées de l'univers, il revint en France après la restauration. Repoussé par ses proches, il fut forcé de s'expatrier pour se soustraire à leurs coupables tentatives. Ayant dirigé ses pas vers les états d'un de ses parens maternels, la haine des premiers l'y poursuivit encore et il fut arrêté. D'après ses réclamations, une procédure a été instruite contre lui : son élargissement, sans restriction, en devint le résultat. Il ne s'appesantira point sur cette circonstance, elle fait suffisamment ressortir la vérité de ses allégations, dont il est facile d'avoir la preuve, en compulsant les archives de la chancellerie de Vienne où sont déposées toutes les pièces qui le concernent, sur le mérite desquelles le conseil a statué, et dont la sentence a été confirmée par l'empereur d'Autriche lui-même. Il s'adresse loyalement à vos nobles seigneuries.

Il ne réclame point le trône de son père ; il appartient à la nation, qui seule a pu et peut en disposer. Il demande seulement à votre équité un asile pour sa tête, qui ne peut reposer nulle part sans péril, et une patrie que plus de trente ans d'exil n'ont pu lui faire oublier. Tout ce qui a été dit ou fait jusqu'ici en son nom, lui est absolument étranger : il rougirait de s'abaisser au rôle d'un obscur factieux ; ces menées furent l'ouvrage de l'iniquité ; ses véritables auteurs qui vous sont assez connus, et dont quelques-uns siégent même parmi vous, ont cru en éterniser le silence, lorsqu'ils eurent réussi à le faire ensevelir dans les cachots de l'Autriche.

Immédiatement après sa sortie, le *Duc de Normandie* a été en butte à de nouvelles persécutions et se vit obligé de s'éloigner d'un état voisin, qui lui fit signifier qu'il ne pouvait le garder sur son territoire. Il reconnut à ce trait que la haine de ses persécuteurs n'était point encore éteinte, et il dut se conformer à l'impérieuse nécessité.

Fatigué de mener une vie errante depuis si long-temps, il se présente hardiment à vous, avec l'intime conviction que, non-seulement vous ne repousserez pas sa légitime réclamation ; mais que vous prononcerez encore sur sa validité.

Tous les Français ont des droits à votre justice et à votre impartialité, et il ose croire qu'il n'aura pas la douleur d'être le seul qui se sera confié envain à votre loyauté et à vos hautes lumières.

Le duc de Normandie.

Le même jour, je fis remettre aux Pairs et aux Députés, des lettres imprimées et dans lesquelles je répétais, à peu près, la pétition également imprimée, et dont une copie fut envoyée à MM. Seguier, Montalivet, Decaze et Bonald, pairs; Hyde de Neuville, Casimir Perier et Lafayette, députés.

CHAPITRE XXVI.

On me demandera quel était mon but en faisant une démarche dont l'inutilité paraissait démontrée. Ma réponse est simple : je désirais provoquer une discussion à ce sujet, et obtenir, par la publicité, des explications relatives aux papiers qui m'avaient été saisis à Vienne, et à ceux enlevés à l'infortuné Fualdès. Mon impatience était d'autant plus grande, que la remise à ma famille de tous ces titres, et par suite sans doute leur anéantissement, me mettaient dans l'impossibilité absolue d'obtenir jamais un asile nulle part.

La perfidie des cabinets étrangers et de mes parens ayant ainsi fait disparaître les seuls documens sur lesquels je pouvais appuyer mes prétentions, comment parvenir à me faire entendre? Quel est le tribunal qui aurait ajouté foi à mes observations, quelque fondées qu'elles fussent , dès l'instant que je n'aurais pu les appuyer d'aucune de ces preuves qui ne laissent d'objections puissantes après elles ? A quels dangers n'étais-je pas continuellement exposé ? J'aurais vainement soutenu que, l'enlèvement de ces papiers m'empêchant de les produire, il fallait demander des explications à ma famille ou aux étrangers ; on ne m'eût pas écouté. Considéré comme un intrigant, j'eusse été privé de ma liberté ; le reste se présume...

Il argumente tout à son aise celui qui vécut nombre d'années dans son pays, au milieu de sa famille , de ses parens et de ses amis ; mais l'infortuné qui n'a ni feu, ni lieu ; qui ne peut se dire d'aucun pays, se réclamer d'aucun parent, d'aucun ami !... Il n'a éprouvé aucune de ces angoisses , l'indifférent qui hausse froidement les épaules au récit de malheurs qui ne peuvent l'atteindre ! Il ne saurait s'intéresser au sort d'un homme qui , repoussé partout, ne supporte sa pénible existence que pour languir encore... Égoïsme, fléau cruel ! tu as prouvé dans tous les temps, et surtout depuis 1830 , que tu n'es pas la peste la moins dangereuse !

Puissé-je être ta seule et dernière victime !..

Si donc, avec les preuves les plus flagrantes, on aurait déjà des peines infinies à obtenir quelques succès : que pouvais-je espérer sans elles ? Ne m'oppose-t-on pas mon prétendu décès au Temple, le témoignage de ma propre sœur, celui des autres membres de ma maison, la chronique de ces temps presque fabuleux, les déclarations de tant de citoyens dont on ne peut pas même soupçonner la bonne foi? Avec quoi puis-je terrasser des dépositions si accablantes ? Ne pouvant mettre dans la balance que mon innocence et la relation d'une vie orageuse, tristes documens aux yeux de juges prévenus et intéressés en partie à mon éloignement, j'ai donc été obligé d'avoir recours au principal corps de État, au seul qui, par sa stabilité, offrait alors quelques garanties. Ce déni de justice de sa part m'a autorisé à employer d'autres voies pour me faire entendre.

Avant de passer outre, je soumets au public les observations suivantes :

1° Le docteur Dussault meurt violemment quelques jours après avoir déclaré que l'enfant qu'on lui a présenté au Temple, en 1795, n'était pas le même que celui qu'il avait vu auparavant;

2° Un intérêt majeur engage Robespierre à tenir mon enlèvement secret ;

3° La femme Simon déclare publiquement, à plusieurs reprises à qui veut l'entendre, que j'ai été enlevé, comment et à quelle époque. Renfermée à la salpêtrière, comme folle, elle périt victime de ses indiscrétions.

4° Joséphine, informée par la Simon , instruit Barras : ils découvrent tout au consul. Plus tard elle fait une démarche en ma faveur auprès de l'empereur de Russie, et meurt victime de sa bonté.

5° Pichegru, arrêté , meurt étranglé, parce qu'on trouve chez lui quelques-uns de mes écrits qui font connaître mon existence et ma présence à Paris.

6° Dénoncé au consul, il me fait poursuivre par tout.

7° Fualdès meurt assassiné pour soustraire les papiers qu'on soupçonnait lui avoir été remis par moi.

8° Le paysan Martin, après des instances réitérées, est introduit auprès du comte de Lille, lui parle de moi et est renvoyé comme un fou. A quoi pouvait aboutir sa démarche, si j'étais mort en 1795? Les anges conseilleraient-ils des absurdités?

9° Rien ne pouvait dispenser de célébrer mon service funèbre, puisque je figurais au nombre des rois de France et que j'étais sensé mort martyrisé et victime de la révolution. Pourquoi ne l'a-t-on pas fait?

10° L'abbé de Tourzel commet l'imprudence impardonnable de laisser deviner qu'il connaît le lieu où je suis renfermé; il meurt subitement.

11° Tous les gouvernemens qui se sont succédés depuis 1793, ont cherché à s'emparer de ma personne et fait exercer contre moi toutes sortes de poursuites; pourquoi?

12° Aussitôt qu'on parvient à découvrir le lieu de ma retraite, je suis en butte à tous les genres de vexations; pourquoi?

13° On n'a cessé d'avoir des déférences pour certains hommes qui ont prêté la main à toutes les iniquités dont mes parens se sont rendus coupables envers moi. On les a écrasés sous le poids des dignités et des honneurs, et aujourd'hui ils jouissent encore de la même faveur ; pourquoi ?

14° Au sortir de France, en 1816, et après quelques années passées à parcourir de nouveau l'Europe , je suis arrêté dans les états autrichiens, retenu pendant plus de six ans, au secret ; pourquoi ?

15° Militaire dès mon bas âge et en position d'arriver aux premiers grades de l'armée, je me vois arrêté dès le commencement de ma carrière ; pourquoi ?

16° Kléber me propose pour aide-de-camp , le consul reçoit sa dépêche , adressée au directoire ; il en prend connaissance et ne prononce pas ; pourquoi ?

17° Rentré en France, j'arrive à temps pour prendre part à l'affaire de Marengo ; j'y vois le consul à qui je porte quelques ordonnances ; il me reconnaît parfaitement ; il me donne ses ordres pendant cette célèbre journée; et malgré cela je ne sollicite pas la confirmation du grade qui m'avait été conféré par Kléber, et dont je portais les insignes; pourquoi?

18° Si le premier consul avait pensé que je fusse vraiment parent de Kléber, il n'eût sans doute pas cherché à persécuter un enfant qui lui procurait une belle occasion de faire quelque chose en mémoire d'un brave dont il paraissait regretter la mort, et il aurait volé au-devant de ma fortune : je lui en eusse moi-même fourni les moyens, et ma carrière pouvait devenir aussi brillante que celle des *Lannes, Murat, Suchet* et autres guerriers que le trépas a englouti trop tôt et qui, à cette époque, n'étaient pas plus avancés que moi ; pourquoi rien de tout cela n'a-t-il pu se faire ? C'est qu'il fallait décliner un nom, car celui de *Louis* que je portais ne pouvait suffire; par suite, je devais déclarer celui de mes père et mère, lieu de naissance, etc. L'embarras était grand, la position n'était pas tenable, et j'ai dû disparaître de la scène politique. En eût-il été ainsi si j'avais été tout autre ?

CHAPITRE XXVII.

Le 29 janvier 1829, je fis de nouvelles démarches auprès des Chambres ; elles demeurèrent sans résultat.

Le 6 mars suivant , j'avertis les présidens des deux Chambres , que , s'ils s'obstinaient à écarter mes réclamations , j'en donnerais avis à l'Europe entière et que je ferais un appel à la France. J'informai de cette détermination plusieurs députés , entre autres , MM. de Schonen , de Montbel, B. Constant, Bavoux, Etienne, Viennet, Labbey-Pompières et autres dont le nom ma échappé.

Le 6 janvier 1830, je fis un appel à la France, dans les termes suivans :

Luxembourg, le 6 janvier 1830.

Louis-Charles de Bourbon , duc de Normandie , fils de l'infortuné Louis XVI, à ses Concitoyens.

Français !

Enlevé du Temple, le 29 juin 1794, par les

soins et en vertu des ordres d'un prince de mon sang ; je fus remis, après les plus mûres réflexions, entre les mains d'un de vos généraux, dont la réputation et la probité offraient des garanties suffisantes pour espérer que je recevrais une éducation conforme aux principes adoptés par mon malheureux père. La mort moissonna trop tôt ce guerrier. Découvert depuis par l'homme extraordinaire qui vous gouverna avec tant d'éclat, je me vis en butte à ses poursuites et obligé de me réfugier au milieu des déserts du nouveau monde pour me soustraire à la brutalité de ses séides. Là, je coulais des jours, sinon heureux, du moins paisibles, quand j'eus connaissance des grands événemens qui venaient de changer encore la forme de votre gouvernement. Je me hâtai de rentrer en France, où j'arrivai pendant la seconde invasion de nos ennemis. Le gouvernant qui venait de vous être imposé, informé de mon retour par le même prince qui m'avait arraché dans le temps à une mort certaine, parut d'abord accueillir favorablement la juste demande que je lui fis, et je me plais à croire qu'il eût tenu sa parole, s'il n'en avait été détourné par celle-même que la nature m'avait donnée pour protectrice et qui, oubliant les prières du respectable auteur de nos jours et les devoirs les plus sacrés, ne rougit pas de provoquer contre moi les rigueurs dont elle faillit être la victime pendant nos discordes civiles. J'aurais pu, dans ce moment, lutter avec avantage contre tant de barbarie; la France n'eût certainement pas été sourde à mes révélations; mais les alliés l'occupaient, et je me sentis révolté à l'idée d'être la cause de la prolongation du séjour d'étrangers avides et justement exécrés, ou d'une réaction qui aurait pu leur servir de prétexte pour démembrer notre beau pays. Repoussé par les miens, j'ajournai mes prétentions et m'expatriai de nouveau. Ce fut à cette époque où l'on fit paraître le sabotier *Bruneau*. Tout commentaire, devant une manœuvre aussi honteuse, devient inutile.

Retiré dans les états d'un de mes proches parens maternels, j'y fus arrêté sur l'invitation du comte de Lille. L'Autriche, flattée de me tenir en son pouvoir, aurait bien désiré tirer de cette circonstance tout le parti qu'elle jugeait convenable à ses projets d'envahissement ; mais son espoir fut déçu. D'ailleurs, mon arrestation et ma détention avaient fait trop de bruit. Après plus de six ans et une procédure aussi ridicule que scandaleuse, de laquelle il est résulté, à la honte des uns et des autres, que tous les faits avancés par moi étaient vrais, je fus rendu à la liberté pour donner quelque satisfaction à l'opinion d'un peuple qu'on veut comprimer par la force, en lui ôtant néanmoins tout prétexte d'attaque ou de contrôle. **Les** pièces qui me concernent sont à la chancellerie de Vienne.

Relâché malgré de perfides insinuations, mes oppresseurs ne renoncèrent point à l'espoir de me faire disparaître, si je tombais jamais en leur pouvoir. L'ex-militaire *Persat* fut produit dans le même but qui avait dicté l'apparition de *Bruneau*, et des ordres secrets furent expédiés sur les frontières.

Le 2 février 1828, je fis remettre à votre Chambre des Pairs une demande tendante à obtenir un état civil. J'en informai vos pairs et vos députés par des circulaires imprimées qu'ils ont reçues. Le 29 janvier 1829, je fis parvenir une autre réclamation aux deux Chambres. Le 6 mars suivant, j'écrivis aux présidens et à plusieurs députés pour leur faire connaître la ferme résolution où j'étais de m'adresser à mes compatriotes, dans le cas où cette seconde pétition serait écartée. Ils n'en ont tenu compte, et le tout a été remis, à votre gouvernement. Il y a mieux : une proposition faite à la Chambre des Pairs par le baron Mounier, et accueillie favorablement, porte en substance : qu'à l'avenir, aucune pétition ne serait admise, sans qu'au préalable la signature du pétitionnaire ne fut légalisée par qui de droit, et présenté par un pair. On devine facilement la source et le motif de cette mesure. Vers ce temps, le maçon *Fontolive*, troisième imposteur, parut à Lyon.

Français ! j'ai rempli toutes les obligations que m'imposaient l'honneur et la nature. J'ai épuisé toutes les voies légales : on n'a épargné ni efforts, ni promesses pour paralymer mes démarches et étouffer mes plaintes ; les

bruits les plus absurdes ont été, à dessein, répandus sur mon compte; on me fait mourir à
Vienne, à Milan, à Paris, ici; on dirait, à l'a-
charnement qu'on met à me persécuter, que
mon intention est d'évincer vos gouvernans;
ils savent très-bien que telle n'est pas ma pensée. Je ne demande point le trône de mon père;
je ne sollicite, comme j'ai toujours fait, qu'un
abri pour ma tête qui ne peut reposer nulle
part sans péril; une patrie que plus de trente
ans d'exil n'ont pu me faire oublier, et que les
faits qui me concernent soient enfin éclaircis.

Vos pairs, vos députés et surtout leurs présidens, ont méconnu leur mandat en cédant
trop légèrement à de coupables influences dont
la monstruosité est notoire. Devais-je en ins-
truire les souverains de l'Europe? Ils ont eu
connaissance de ma longue détention, et ils
n'ont rien fait pour y mettre un terme. Ma
cause était celle des rois, elle a été dédaignée
par eux; l'usurpation seule a obtenu quelques
faveurs. La France, la Russie, le Portugal, les
tentatives faites par la Sainte-Alliance pour
déshériter l'archiduc Ferdinand, substituer un

Autrichien au prince de Carignan, faire abdiquer Ferdinand en faveur de Don Carlos, et repousser le duc de Calabre, prouvent clairement que la justice est un vain nom pour les potentats, et que tout ce qui tend à seconder leur système oppressif est seulement, à leurs yeux, d'une légitimité incontestable.

Je m'adresse avec confiance à la France pour lui dévoiler les trames ourdies contre moi ; la rendre juge de nos différens et la désabuser, une bonne fois pour toutes, sur de prétendus décès qui n'existent que dans l'imagination de ceux qui sont intéressés à les exploiter à leur profit, et qu'un reste de pudeur empêche, cependant, de célébrer publiquement. Je déclare que je suis vivant, inhumainement banni du sol natal, et, par ce seul fait, dépouillé du nom et des prérogatives de citoyen français. Je naquis parmi vous ; et cette idée, qui fit en tout temps mon orgueil et ma consolation, me porte à croire que je n'aurai pas fait un vain appel à la nation la plus grande et la plus généreuse de la terre.

Le duc de Normandie.

CHAPITRE XXVIII.

Le 15 juillet 1830, je me rendis à Paris pour m'entendre avec quelques députés , relativement à une nouvelle demande en reconnaissance d'état. Tout était disposé pour donner à cette réclamation une publicité qu'il serait désormais impossible d'éviter ; les événemens des derniers jours de ce mois firent évanouir cet espoir et me plongèrent dans la position précaire où je me trouvais antérieurement.

Les 27, 28, 29 et 30, j'affichai des proclamations dans presque tous les quartiers et j'en distribuai, moi - même aux combattans parmi lesquels je me trouvais.

Le 31, je m'adressai au gouvernement provisoire et transmis à cet effet, ma demande au duc de Choiseul, dont le nom figurait parmi les membres de ce gouvernement.

Le 2 août, j'écrivis à la duchesse d'Angoû-
lème, la lettre suivante :

Paris, le 2 août 1830.

Le temps est venu, Madame, où abjurant
des sentimens que la nature et l'humanité ré-
prouvent, vous devez donner à mon sujet
les explications nécessaires pour mettre un
terme aux maux qui m'accablent depuis tant
d'années. Je ne vous ferai aucuns reproches,
votre position m'impose un religieux silence ;
mais la mienne l'avez vous rendue meilleure ?
Pour ne plus vous compter au nombre de mes
persécuteurs, parce que vous voilà dans l'impossibilité de me nuire d'avantage, cela ne
me débarrasse pas d'un nom proscrit; et, puisque je suis condamné à le porter toute ma vie,
facilitez-moi enfin les moyens de le faire avec
sécurité. Tout est fini pour vous. Philippe d'Orléans va profiter de vos fautes et se parer de
nos dépouilles. Quoiqu'on en dise, le peuple
est souverain quand il veut et il est toujours
dangereux de méconnaître ses droits. Il ne

s'agit pas des miens, il y a long-temps que je n'en ai plus.

Si votre cœur peut entendre encore le cri plaintif de la nature outragée ; si plus de trente-six ans de souffrances et d'exil vous paraissent suffisans pour me punir du crime énorme d'être votre plus proche parent, parlez, je vous en supplie : mettez un terme à mes malheurs en dévoilant aujourd'hui ce que vous cachez avec tant d'obstination. Adressez au gouvernement les documens qui doivent se trouver entre vos mains, ainsi que les papiers que vous avez sans doute fait retirer de la chancellerie de Vienne. A l'aide de ces pièces et des renseignemens que vous seule pouvez donner, puisqu'il ne m'est pas permis de le faire, je suis certain d'obtenir au moins la faculté de demeurer dans notre patrie ; je viens d'en transmettre la demande aux membres du gouvernement provisoire, par le canal du duc de Choiseul, l'un d'eux. Mais que peuvent-ils décider sans titres ou preuves équivalentes ? Vos déclarations, en facilitant leurs investigations, les mettraient à même de juger du mérite de

ma réclamation ; autrement il est de toute impossibilité qu'ils prennent jamais une détermination.

Faudra-t-il que, bravant le péril d'une démarche éclatante, j'aille personellement engager la commission à statuer sur mon sort ?
Ce serait un acte de démence ou de désespoir,
et on m'accuserait justement d'extravagance
si j'osais affronter l'indignation d'une assemblée qui, me voyant absolument dépourvu de
titres qui peuvent seuls donner à mes dires
une espèce de probabilité, me punirait de ma
témérité. Ce n'est pas impunément qu'on mys-
tifie le pouvoir. Appuyé par vous, Madame,
et le dépôt sur le bureau, des papiers qui m'ont
été soustraits et qui doivent être en vos mains
ce serait autre chose : on se verrait forcé de
faire droit à ma demande, d'autant plus que je
ne désire, comme par le passé, que l'autorisation de porter mon nom et de le rendre utile
à notre patrie.

J'ai dit. Si votre haine est éteinte, rompez un
coupable silence ; l'occasion est unique, elle ne se
présentera peut être plus. Réfléchissez-y bien

et agissez ensuite d'après l'impulsion de votre conscience et de votre intérêt à venir. Faites un retour sur vous-même; rappelez-vous du passé et vous comprendrez que puisque la fortune vous met de nouveau à la merci des étrangers, il vaut encore mieux vous jeter dans les bras de votre malheureux frère.

Louis-Charles.

Le même jour je me présentai à B. Constant, et lui soumis le projet de constitution ci-après, le priant de l'examiner avec attention et d'en faire part à la Chambre qui allait s'assembler B. Constant se chargea de le présenter et me fit observer que. . . . .

. . . .

. . . . Le 5 du même mois, lorsque je le revis à ce sujet, il me répondit : « Il n'y a pas moyen de faire entendre » raison à la Chambre : ce projet y jetterait » l'épouvante, elle est furieuse d'ordre. Bien » au-dessous des circonstances, elle s'est mis » dans la tête qu'à elle seule appartient la

» gloire de sauver l'État, et qu'elle est appelée
» à doter la France d'un gouvernement et d'ins·
» titutions conformes à ses besoins ; que les
» événemens de juillet ne sont pas une révo-
» lution, mais simplement une résistance, et
» qu'il faut démolir le moins possible. Tel est
» l'avis de la majorité, et il sera suivi malgré
» l'opposition de l'extrême gauche où je siège,
» et qui a encore la bonhomie de croire qu'a-
» vec une Chambre pareille on peut obtenir
» des institutions républicaines ! Cette consti-
» tution, beaucoup plus large et à l'aide de
» quelques petites modifications, conviendrait
» mieux que ce que mes collègues veulent faire.
» Dominés par l'idée qu'ils sont les repré-
» sentans de la nation, quoique rien ne soit
» moins prouvé, ils s'occupent de créer, tandis
» qu'ils auraient dû se récuser. Du reste, c'est
» la faute du peuple ; il était le maître. . . . . .

. . . .

» Je ferai tous mes efforts pour prouver
» que nous ne sommes que des députés pro-
» visoires, et pour obtenir qu'on se conduise
» en conséquence. »

Je quittai B. Constant, et remportai la Constitution dont je donne ici la copie.

***

DROIT PUBLIC DES FRANÇAIS.

ART. 1er Les Français sont égaux devant la
loi.

2. La loi est égale pour tous.

3. Les Français contribuent indistinctement
et dans la proportion de leur fortune, aux
charges de l'Etat.

4. Ils sont également admissibles à tous les
emplois civils et militaires.

5. La liberté individuelle est garantie, nul
ne pouvant être poursuivi ni arrêté que dans
le cas prévu par la loi et dans la forme qu'elle
prescrit.

6. Chacun professe sa religion avec une égale
liberté.

7. Les ministres des différens cultes ne re-
cevront aucun traitement du trésor public.

8. Les Français ont droit de publier et de
faire imprimer leurs opinions, sous la respon-

sabilité de leurs faits seulement; et dans aucun temps, il ne pourra être créé de lois restrictives à ce sujet.

9. Toutes les propriétés sont inviolables, sans aucune exception.

10. L'État peut exiger le sacrifice d'une propriété, pour cause d'intérêt public légalement constaté, mais avec une indemnité préalable.

11. Toutes recherches des opinions et votes émis jusqu'à ce jour , sont absolument interdites.

DU GOUVERNÉMENT.

12. La personne du chef de l'État est inviolable. Il a la puissance exécutive.

13. Le chef de l'État commande de droit les forces de terre et de mer; néanmoins, il ne peut déclarer la guerre, faire la paix, ni aucun traité d'alliance ou de commerce, sans l'assentiment du corps législatif, qui pourra être immédiatement assemblé pour en délibérer.

14. Le chef de l'État nomme à tous les emplois d'administration publique et fait les réglemens nécessaires pour l'exécution des lois, sans pouvoir jamais s'en écarter.

15. La puissance législative ne s'exerce que par le corps législatif, sur la proposition du chef de l'État.

16. Toute loi doit être discutée et votée librement par la majorité du corps législatif.

17. Le corps législatif a la faculté de proposer une loi sur un objet d'urgence, quel qu'il soit.

18. Le chef de l'État sanctionne et promulgue les lois.

DU CORPS LÉGISLATIF.

19. La Chambre des pairs actuelle est abolie.

20. Le corps législatif sera composé d'une chambre de sénateurs et d'une chambre de représentans élus par la nation.

DES SÉNATEURS.

21. Les sénateurs seront élus pour dix ans. Ils ne pourront, dans aucun cas être immédiatement réélus.

22. Nul ne pourra être sénateur s'il a moins de trente ans, et s'il n'est porté au rôle de la contribution foncière.

23. Le nombre sera de cent cinquante au moins, et ne pourra jamais dépasser le double des départemens.

24. Ils seront rétribués par l'État, s'ils jouissent d'un revenu moindre de dix mille francs.

25 Ils ne pourront, pendant la durée de leurs fonctions, accepter ni places ni honneurs, ni faveurs quelconques de l'État ou de l'étranger, tant pour eux que pour leurs ascendans ou descendans, à quelque degré que ce soit.

26. L'élection des sénateurs aura lieu dans chaque chef-lieu de département et jamais ailleurs.

27. Chaque département élira deux sénateurs.

28. Ils seront élus par les électeurs cantonnaux de tout le département.

29. Il sera alloué aux sénateurs, jouissant d'un revenu moindre de dix mille francs, une indemnité de six cents francs par mois, pendant la durée des sessions.

30. Le président, les vice-présidens et autres dignitaires du sénat, seront nommés par les sénateurs, et à chaque cession.

31. Il sera alloué aux dignitaires du sénat, pendant chaque session, savoir : dix mille francs au président, cinq mille francs aux vice-présidens, et trois mille francs aux autres dignitaires, pour frais de représentation.

32. Les séances de la Chambre des sénateurs, seront publiques.

33. L'indemnité sera toujours payée par le trésor.

34. Toute autre fonction est incompatible avec celle de sénateur.

DES REPRÉSENTANS.

35. Les représentans seront élus pour cinq ans. Ils pourront être réélus.

36. Chaque année, la Chambre des représentans sera renouvelée par cinquième.

37. Les représentans seront élus par les électeurs cantonaux de chaque arrondissement.

38. Chaque arrondissement élira un nombre de représentans, proportionné à son étendue et à sa population.

39. Le nombre des représentans ne pourra être moindre de six cents.

14

40. Aucun représentant ne pourra être admis à la Chambre, s'il n'a vingt-cinq ans accomplis au jour de l'élection , s'il n'est domicilié dans l'arrondissement et s'il n'est porté au rôle de la contribution foncière.

41. Les représentans seront rétribués par l'État, s'ils jouissent d'un revenu moindre de dix mille francs.

42. Ils ne pourront, pendant la durée de leurs fonctions, accepter ni places, ni honneurs. ni faveurs quelconques de l'État ou de l'étranger , tant pour eux que pour leurs ascendans ou descendans, à quelque degré que ce soit.

43. Chaque arrondissement élira un ou plusieurs représentans, suivant sa population.

44. Il sera alloué à chaque représentant jouissant d'un revenu moindre de dix mille francs, une indemnité de quatre-cent cinquante francs par mois, pendant le cours des sessions.

45. Le président, les vice-présidens et autres dignitaires de la Chambre seront nommés par les représentans, et à chaque session.

46. Il sera alloué aux dignitaires de la

Chambre des représentans, pendant chaque session, savoir : six mille francs au président, trois mille francs aux vice-présidens, et deux mille francs aux autres dignitaires, pour frais de représentation.

47. L'indemnité sera toujours payée par le trésor.

48. La Chambre se partage en bureaux, pour discuter les projets de loi

49. La Chambre peut proposer tout amendement à une loi, sans qu'il soit besoin de consulter le chef de l'État.

50. L'interprétation des lois est dévolue de plein droit à la Chambre des représentans.

51. La Chambre reçoit toutes les propositions d'impôt ; ce n'est qu'après que ces propositions auront été acceptées, qu'elles seront portées au sénat.

52. Aucun impôt, de quelque nature qu'il soit, ne peut être établi ni perçu, s'il n'a été consenti par les deux Chambres et sanctionné par le chef de l'État.

53. Les impôts ne sont consentis que pour un an.

54. La liste civile consiste dans les revenus des domaines de la couronne ; et, en cas d'aliénation de ces domaines pour payer les dettes de l'État, il sera alloué une somme de trois millions, qui sera votée tous les ans comme les autres impôts.

55. Les séances de la Chambre des représentans sont publiques, et elle ne pourra se former en comité secret que dans des cas graves et dont elle fera connaître l'urgence.

56. Le chef de l'État convoque chaque année le corps législatif, et peut dissoudre la Chambre des représentans; mais, dans ce cas, il doit en convoquer une nouvelle, au bout de trois mois, sans pouvoir jamais s'écarter de cette règle.

57. Aucune contrainte par corps ne peut être exercée contre un membre du corps législatif, durant la session et dans le mois qui l'aura précédée ou suivie.

58. Aucun membre du corps législatif ne peut, pendant la durée de la session, être poursuivi ni arrêté en matière criminelle, sauf

le cas de flagrant délit , sans l'assentiment de la Chambre dont il fait partie.

59. Toute pétition à l'une des deux Chambres ne peut être faite et présentée que par écrit. Il est interdit d'en apporter en personne à la barre.

60. Les représentans seront choisis parmi les Français ayant leur domicile réel dans le département.

61. Toute autre fonction est incompatible avec celle de représentant.

DES ÉLECTEURS CANTONNAUX.

62. Les électeurs cantonaux seront choisis par tous les électeurs du canton, à la majorité absolue des suffrages.

63. Chaque canton nommera, suivant sa population et son étendue, un ou plusieurs électeurs, de manière à ce que cent cinquante électeurs cantonaux, au moins, puissent concourir aux nominations à faire dans chaque arrondissement.

64. Pour être électeur cantonal, il suffira d'avoir vingt-cinq ans accomplis au jour de l'é-

lection, d'être domicilié dans le canton et porté au rôle de la contribution foncière.

65. Chaque électeur cantonal jouissant d'un revenu moindre de quinze cents francs recevra une indemnité de dix francs par jour à compter de celui de son départ, jusqu'à la fin des opérations.

66. L'indemnité sera payée par les communes.

DES ÉLECTEURS.

67. Les électeurs qui concourront à la nomination des électeurs cantonaux, ne pourront avoir droit de suffrage, s'ils ont moins de vingt-un ans, s'ils ne sont établis et portés sur le rôle de la contribution directe.

68. Ils devront être Français et domiciliés dans le canton.

69. Les présidens et autres dignitaires des colléges seront nommés par les électeurs.

70. Les électeurs seront convoqués dans chaque chef-lieu de canton, par le maire dudit chef-lieu.

71. Les électeurs cantonaux seront convoqués dans chaque chef-lieu d'arrondissement

par le préfet, qui leur enverra leurs cartes, dès qu'il aura connu le résultat des élections de chaque canton.

72. Les votes seront toujours secrets. Toute infraction à cet égard rend les opérations des colléges nulles de plein droit, et les coupables seront punis suivant toute la sévérité des lois.

73. Dans les villes où se trouve aglomérée presque toute la population de l'arrondissement, les électeurs choisiront autant d'électeurs cantonaux que la population l'exigera, c'est-à-dire, un nombre proportionnel à celui des autres départemens. Les électeurs de la ville de Paris choisiront cent cinquante électeurs cantonaux, dans chacun de ses douze arrondissemens; ce qui portera le nombre total à dix-huit cents, qui concourront à l'élection des sénateurs, représentans et autres autorités du département.

DES MINISTRES.

74 Les ministres et autres agens de l'autorité sont responsables.

75. Les ministres peuvent être mis en accu-

sation pour toute espèce de crime ou de délit. La Chambre des représentans qualifiera l'accusation.

76. Les ministres peuvent être membres de l'une ou de l'autre Chambre; ils ont en outre leur entrée dans les deux Chambres, et doivent être entendus quand ils le demandent.

77. La Chambre des représentans a le droit d'accuser les ministres, de les traduire à sa barre, quelque soit d'ailleurs le crime qui leur soit imputé. Elle s'érigera, dans ce cas, en tribunal d'instruction, dont les ordres seront exécutoires; elle fera ou ordonnera toutes enquêtes, interrogatoires, descentes de lieux, et tous autres actes nécessaires.

78. L'instruction terminée, il sera pris, par la voie du sort, cent membres dans chacune des deux Chambres. Ces membres, érigés en grand jury, sous la présidence d'un d'entre eux, désigné également par la voie du sort, procéderont au jugement définitif des accusés.

79. Les sentences de cette cour seront exécutoires dans les vingt-quatre heures et sans aucun recours.

8o. Dans aucun cas, on ne pourra agir à huis clos ; l'accusation, l'instruction, les débats et l'arrêt devront avoir lieu publiquement.

DE L'ORDRE JUDICIAIRE.

81. La justice s'administre au nom du chef de l'Etat.

82. L'organisation des cours et tribunaux actuellement existante est maintenue, quant aux localités.

83. Tous les membres de l'ordre judiciaire seront nommés par les électeurs cantonaux.

84. Une épuration préalable sera faite parmi les membres siégeans actuellement, et les remplacemens exécutés conformément à l'art. ci-dessus.

85. La durée des fonctions des conseillers et juges sera illimitée. Aux électeurs seuls, appartient le droit de les révoquer.

86. Les électeurs cantonaux de chaque arrondissement connaîtront des prévarications et autres crimes ou délits dont les magistrats se rendraient coupables, après quoi, le prévenu

sera remis aux tribunaux ordinaires pour être statué sur l'accusation.

87. Les présidens des cours et tribunaux seront nommés par le chef de l'Etat, sur la proposition des électeurs cantonaux qui présenteront trois candidats.

88. La durée des fonctions de ces présidens sera, comme celle des autres membres, soumise aux règles prescrites par l'art. 85.

89. Nul ne pourra faire partie de la cour de cassassion, s'il n'a siégé au moins dix ans dans une cour d'appel.

90. Nul ne pourra faire partie d'une cour d'appel, s'il n'a siégé au moins cinq ans dans un tribunal de première instance.

91. Nul ne pourra faire partie d'un tribunal de première instance, s'il n'a trente ans accomplis, s'il n'a fait son droit, s'il n'est domicilié dans l'arrondissement, et s'il n'a exercé la profession d'avocat au moins cinq ans.

92. Dans aucun cas, il ne sera loisible au chef de l'Etat de déplacer les magistrats, ni d'introduire dans les cours et tribunaux des

membres qui ne réuniraient pas les qualités prescrites par les art. 89, 90 et 91.

93. Le chef de l'État nommera tous les membres des parquets. Néanmoins, il ne pourra, dans aucun cas, les dispenser des conditions prescrites par les art. 89, 90 et 91.

94. Ils pourront être révoqués par le chef de l'État.

95. Les conseillers à la cour de cassation seront élus par les électeurs cantonaux de chaque département, réunis au chef-lieu. Il en sera nommé un ou plusieurs par département, jusqu'à concurrence du nombre nécessaire. Les départemens dont la population sera beaucoup plus forte en éliront plusieurs, de préférence, si besoin est.

Il en sera de même pour la cour des comptes. Quant aux cours d'appel, les magistrats seront choisis parmi les juges nés et résidans dans le ressort de la cour, et par les électeurs cantonaux des départemens du ressort. L'élection aura lieu dans chacun de ces départemens.

96. La justice consulaire est conservée, ainsi

que son organisation ; les juges seront nommés par tous les patentés de l'arrondissement.

97. La Justice-de-Paix est également conservée, quant aux localités.

98. Les juges-de-paix seront élus par tous les électeurs du canton. La durée de leurs fonctions est illimitée.

99. Nul ne pourra être nommé juge-de-paix, s'il a moins de trente ans et s'il n'est domicilié dans le canton.

100. Aucun juge-de-paix ne pourra rendre la justice, s'il n'est assisté de deux assesseurs, âgés de trente ans au moins, domiciliés dans le canton et choisis par les électeurs.

101. Les nominations des assesseurs et suppléans des justices-de-paix se feront dela même manière que celles des juges-de-paix.

Celles de suppléans, dans chaque cour ou tribunal, seront faites par tous les avocats et les avoués du ressort, à la majorité absolue des suffrages.

102. Nul ne pourra être distraits de ses juges naturels.

103. Il ne pourra, dans aucun temps ni

dans aucun cas, être créé des commissions ou tribunaux extraordinaires.

104. L'institution du jury est conservée. Feront partie du jury, les avocats, les avoués, les docteurs, les médecins, les chirurgiens, les pharmaciens, les professeurs de toutes les facultés; les officiers de terre et de mer, jouissant d'une retraite quelconque, les huissiers et les membres de toutes les sociétés scientifiques.

105. Les délits politiques et de la presse, sans distinction aucune, seront soumis au jury.

106. Les séances des cours et tribunaux seront publiques, à moins que cette publicité ne soit dangereuse pour l'ordre ou les mœurs; dans lequel cas, les cours ou tribunaux le déclareront publiquement.

107. La peine de la confiscation des biens ne pourra être prononcée dans aucun cas.

108. La peine de mort est abolie, ainsi que toutes les peines accessoires aux autres condamnations,

109. Le chef de l'Etat a le droit de faire

grâce et de commuer les peines. Les ministres sont seuls exceptés de cette mesure.

110. Le Code civil restera en vigueur jusqu'à ce qu'il y soit légalement dérogé.

111. On procédera immédiatement à une révision des lois pénales et des codes criminels, afin d'adapter les peines aux crimes ou délits.

DES DÉPARTEMENS.

112. Les conseillers de préfecture seront nommés par les électeurs cantonaux du département, réunis dans chaque chef-lieu.

113. La durée de leurs fonctions sera de cinq ans; ils pourront être réélus.

114. Toute autre fonction est incompatible avec celle de conseiller de préfecture.

115. Les séances des conseils-généraux seront publiques.

116. Les conseils d'arrondissement sont supprimés.

DES COMMUNES.

117. Les autorités communales seront nommées par tous les imposés de chaque arrondissement communal, quelle que soit l'espèce d'impôt.

118. La durée de leurs fonctions sera de trois ans; ils pourront être réélus.

119. Les séances des conseils municipaux seront publiques.

120. Les membres du clergé sont exclus de tous les emplois civils ou militaires.

121. Aucune des autorités nommées par les électeurs ou les imposés ne peut être révoquée par le gouvernement.

122. Le conseil-d'état est aboli.

123. Il n'y aura plus de noblesse. Le chef de l'Etat ne pourra en créer dans aucun cas.

124. Il n'y aura plus de corps privilégiés.

125. Le chef de l'Etat ne pourra jamais se servir de corps étrangers, même en temps de guerre.

126. Toutes les corporations sont supprimées.

127. Les priviléges et monopoles, quelle qu'en soit la nature, sont abolis.

128. Aucun Français ne pourra porter de décoration étrangère.

129. Les colonies françaises seront régies d'après la présente constitution, quelle

que soit la partie du globe où elles sont situées.

DE L'ARMÉE.

130. Les militaires en activité de service, les officiers disponibles, en retraite ou en réforme, conserveront leurs grades, honneurs et pensions.

131. Aucun officier ne pourra être privé de de son état, ou perdre son grade ou son traitement, qu'en vertu d'un jugement régulier.

132. L'avancement sera réglé de manière à ce que l'ancienneté et le mérite soient seuls mis en concurrence et pris en considération. Il ne sera dérogé à cette règle que dans le cas de services éminens ou de faits éclatans et glorieux, sur les champs de bataille ou ailleurs, et bien constatés.

133. La garde nationale est rétablie dans toute la France; elle sera réorganisée et régie d'après la loi de 1791.

DES DÉCORATIONS.

134. La Légion-d'Honneur est maintenue; néanmoins, on procédera à une épuration préa-

lable, et il ne pourra plus être créé de membres de cet ordre.

135. Tous les autres ordres militaires ou civils sont supprimés, et il n'en pourra plus être créé qu'en vertu de lois spéciales et pour des faits spéciaux.

DETTE PUBLIQUE.

136. La dette publique est garantie.

137. Tous les engagemens pris par l'Etat envers ses créanciers, sont maintenus, à moins qu'il n'y ait eu dol ou fraude.

ACCEPTATION.

138. La présente constitution sera soumise à l'approbation de tous les citoyens.

139. Il en sera envoyé deux exemplaires dans toutes les communes, afin que les habitans puissent en prendre connaissance.

140. Les autorités municipales, en grand costume et décorés de leurs insignes, feront assembler leurs administrés, au son de la caisse ou des cloches, et liront ou feront lire à haute et intelligible voix tous les articles de la présente constitution.

141. Il sera immédiatement placé dans chaque mairie une urne, dans laquelle les habitans déposeront leurs bulletins affirmatifs ou négatifs.

142. Ces urnes seront placées de manière à ce que tous les habitans puissent y déposer leur vote en toute liberté, soit pendant le jour, soit pendant la nuit; les votes émis devant être secrets.

143. Cette urne restera ouverte dans chaque commune pendant quinze jours.

144. Le terme expiré, les maires, les adjoints et les membres des conseils municipaux, en présence des habitans de chaque localité, feront le dépouillement des votes; ils en rédigeront, séance tenante, procès-verbal qui sera transmis sur-le-champ au préfet. Avant de se séparer, les bulletins seront livrés aux flammes, et il est expressément interdit de demander jamais compte des votes émis dans cette circonstance.

145. La présente constitution ne pourra être modifiée dans aucun cas, sans l'assentiment de la nation, qui fera connaître par l'or-

gane de représentans nommés à cet effet extraordinairement, si elle approuve ou rejète les changemens proposés par le corps législatif, qui devra, au préalable, en faire connaître la nature et l'urgence.

146. Les représentans chargés de cette opération seront nommés dans la forme ordinaire et par les électeurs cantonaux.

147. Ils seront assujétis aux conditions prescrites aux représentans au corps législatif, et jouiront des mêmes avantages.

148. Ils ne pourront procéder à aucune autre opération.

149. Chaque arrondissement en élira un.

150. Le chef de l'État, quelle que soit la dénomination qui lui sera octroyée, jurera à son avènement, d'observer fidèlement la présente constitution et de se conformer aux conditions qu'elle prescrit. Il lui est absolument interdit d'en provoquer jamais la révision, l'initiative en étant dévolue au corps législatif seul.

151. En cas d'infraction, les coupables seront immédiatement déchus de toutes dignités,

arrêtés et jugés par un grand jury convoqué à cet effet et qui agira conformément aux articles 75, 76, 77, 78, 79 et 80 de la présente constitution, et condamnés à une détention perpétuelle ; peine qui ne pourra dans aucun cas être atténuée sans le consentement exprès de la nation.

Le présent projet rédigé à Paris, le 31 juillet 1830.

Le Duc de Normandie.

CHAPITRE XXIX.

Le 12 août et jours suivans, au moment où les sauveurs gaspillaient la révolution de juillet, je publiai une protestation motivée, qui fut adressée à toute la France, aux journaux de la capitale et aux ambassadeurs des puissances étrangères.

PROTESTATION.

Louis-Charles de France, Fils de France, duc de Normandie;

Considérant : . . . . , . . .

. . . .

. . . .

. . . . , ...

LE DUC DE NORMANDIE.

CHAPITRE XXX.

Quelques jours après avoir publié ma protestation, je me transportai à St-Leu et ayant pu rejoindre le duc de Bourbon, je lui fis de vifs reproches relativement à la conduite équivoque qu'il avait tenue pendant et après ma détention, tandis qu'une déclaration nette et précise de sa part changeait totalement mon sort. J'étalai à ses regards stupéfaits les carricatures qui circulaient et dans lesquelles notre triste famille était tournée en ridicule de toutes les manières. Je lui fis sentir les funestes conséquences de sa faiblesse, et lui rappelant les années que j'avais passées auprès de lui, je lui demandai comment il avait pu oublier ces circonstances, au point de se refuser à les affirmer positivement. Je ne lui dissimulai point l'indignation qu'excitaient en moi des procédés que je ne

savais qualifier, et une conduite que rien ne
pouvait justifier. « Comment se fait-il, ai-je
» ajouté, qu'informé de ma détention en Au-
» triche, vous n'ayez rien fait pour mettre un
» terme à cette iniquité ? Pourquoi, depuis ma
» sortie, n'avez-vous point répondu à mes di-
» verses lettres qui vous sont parvenues ?
» Quelle est la cause du silence obstiné dans
» lequel vous vous êtes constamment renfermé
» à mon égard ? Qu'est-ce que je vous deman-
» dais ? La vérité, rien de plus. Si je vous
» eusse importuné pour vous engager à venir
» à mon secours, vous auriez pu vous y refu-
» ser. Je ne veux rien de personne ; et quoique
» vous sachiez très-bien qu'on m'a arbitraire-
» ment privé de presque toutes mes ressources,
» j'ai encore de quoi subvenir à mes be-
» soins : Au reste, celui qui sait se contenter
» du nécessaire, est toujours assez riche.
» Qu'avez-vous à alléguer pour votre justifica-
» tion ? J'ai le droit d'exiger de vous une ré-
» ponse claire et précise, et je pense que vous
» ne refuserez pas cette satisfaction à un parent
» malheureux par votre faute, et à la mémoire

» de votre père, qui eût tenu une conduite
» bien différente. »

Atterré par ces reproches trop mérités et
surtout à ma vue qui lui rappelait des souvenirs déchirans, le duc balbutia quelques ex-
cuses dont la trivialité me révolta ; il me dit,
entre autres choses : qu'on lui donna à entendre que ce n'était pas de moi dont il était question ; que s'il n'avait pas été trompé, il eût agi
différemment, et autres banalités de cette
force qui me firent pitié. Lui ayant observé
qu'on avait dû nécessairement lui demander
s'il ne savait rien me concernant, il me répondit : qu'il ne s'en rappelait pas. « Mais vous
» avez reçu mes lettres, ai-je répliqué, quel
» motif a donc pu vous engager à continuer le
» même système ? Mes caractères vous sont
» parfaitement connus, et vous avez dû re-
» marquer que je vous citais des particularités
» dont nous étions seuls instruits ; qui vous a
» empêché de m'accorder au moins un souve-
» nir ? Il n'y avait plus d'équivoque possible
» dans ce moment, et cependant, malgré l'é-
» vidence, votre rôle n'a pas changé. Je vous

» avoue que je n'y comprends rien et que je
» crois toute excuse inadmissible. Dites-moi
» plutôt que, trompé par les perfides sugges-
» tions des lâches conseillers de nos parens,
» vous avez ajouté une foi implicite à tout ce
» qu'il leur a plu de vous débiter : que, soit
» faiblesse ou toute autre cause, vous avez re-
» fusé de parler ; alors je vous plaindrai ; mais
» alléguer des raisons, dont la pauvreté ré-
» volte, c'est, vous en conviendrez, jeter de
» l'huile sur un brasier ardent et se jouer du
» malheur; il faut que j'aie affaire à un homme
» de votre âge pour ne pas oublier que je ne
» dois voir en vous que le fils d'un prince dont
» le dévoûment généreux couvre votre con-
» duite d'une honte ineffaçable et me prouve
» que vous persistez à vous venger sur le fils
» des légèretés que vous vous êtes permises, il
» y a quelque quarante ans, sur la mère...

» Je me retire; puisse le ciel vous faire mi-
» séricorde et vous pardonner. Evitez qu'il
» ne vous punisse d'une manière sévère, et que
» votre châtiment ne soit un avis salutaire à
» tous ceux qui seraient tentés de vous imiter.

» Adieu, prince, que le Tout-Puissant vous
» protège. Nous nous reverrons peut-être dans
» un monde meilleur, et là, vous rendrez un
» compte terrible devant un juge que rien ne
» peut fléchir. Soyez heureux, et paix aux
» morts. » Je m'éloignai incontinent et le laissai
dans un état de stupeur, dont il n'est, pour
ainsi dire, sorti que pour commettre un acte
réprouvé par la morale, qui a pu-être inter-
prété de diverses manières, et auquel on ne
paraît avoir encore rien compris.

La mort du duc de Bourbon a donné lieu à
bien des conjectures. Je la crois l'ouvrage du
désespoir. Cependant . . . .
. . . .
. . . .
. . . .

Après la révolution de la Belgique, je me retirai à Bruxelles, d'où j'écrivis, le 10 octobre
1830, au comte d'Artois, pour l'engager à
rompre enfin le silence. Je m'adressai, pour
cet effet, au duc de....., à qui je transmis les
instructions et les pouvoirs nécessaires. Tout
fait présumer que Charles-Philippe serait de-

venu plus raisonnable ; mais la conduite des hommes du juste-milieu, lui laissant l'espoir de rentrer bientôt, le fait persister dans son refus.

Beaucoup de personnes paraissent étonnées de ce que je n'ai pas publié plus tôt ces Mémoires... Il a été impossible de trouver un imprimeur qui voulut s'en charger, et on a fait de vaines tentatives à cet égard.

Cause innocente de la mort de Dussault, de Pichegru, de la femme Simon, de Joséphine, de Fualdès, de l'abbé de Tourzel et peut-être du duc de Bourbon, je ne puis que gémir sur tant de forfaits. J'attends le jugement de mes contemporains avec la tranquillité d'une conscience sans reproches et l'intime conviction de n'avoir rien fait pour m'attirer tous les malheurs qui m'ont accablés dès mon berceau.

Bruxelles, le 1ᵉʳ juillet 1831.

LE DUC DE NORMANDIE.

FIN.

ERRATA.

Pages.

72, dernière ligne, au lieu de *de eur*, lisez *de leur*.

87, 12ᵉ ligne, au lieu de *comhat*, lisez *combat*.

135, dernier mot, au lieu de *je*, lisez *j'espère*.

176, 19ᵉ ligne, au lieu de *d'après les documens qui m'a-vaient saisis, pensant qu'il ne pouvait y avoir de à se dire proche parent d'un souverain, été croirait s'être trompée ; et comme la honte France m'accusait, etc.*, lisez *d'après les documens qui m'avaient été saisis, pensant qu'il ne pouvait y avoir de honte à se dire proche parent d'un souverain, croirait s'être trompée ; et comme la France m'accusait, etc.*

193, 18ᵉ ligne, au lieu de *de état*, lisez *de l'état*.

TABLE DES CHAPITRES.

BIBLIOTHÈQUE ROYALE
I